Cozinha Italiana 2023

A Arte de Saborear a Vida

Marco Rossitto

TABELA DE CONTEÚDO

Coelho com Vinho Branco e Ervas 9

coelho com azeitonas 12

Coelho, Estilo Porchetta 14

Salada de Arroz e Camarão 17

Salada de camarão, laranja e anchova 19

Salada de sardinha e rúcula 21

Salada de Vieiras Grelhadas 24

salada de caranguejo veneziano 26

Salada de Lulas com Rúcula e Tomate 28

salada de lagosta 31

Salada toscana de atum e feijão 34

Salada de atum com cuscuz 36

Salada de Atum com Feijão e Rúcula 38

Salada de atum às sextas-feiras à noite 41

Molho de Gorgonzola e Avelã 43

Molho de Creme de Limão 44

Molho de laranja e mel 45

Caldo de carne 46

Caldo de frango 48

Sopa de Feijão da Antonietta 50

Macarrão e Feijão.............53

Sopa de Feijão Cremosa.............55

Sopa friulana de cevada e feijão.............57

Sopa de feijão e cogumelos.............59

Macarrão e Feijão Milão.............61

Sopa de Lentilha e Funcho.............65

Sopa de espinafres, lentilhas e arroz.............67

Sopa de Lentilha e Legumes.............69

Purê de Sopa de Lentilha com Croutons.............71

Puglia sopa de grão-de-bico.............73

Sopa de Grão-de-bico e Macarrão.............75

Sopa de grão-de-bico e porcini da Ligúria.............78

Pão toscano e sopa de legumes.............80

Sopa de abóbora.............84

Sopa "água cozida".............86

Pesto De Abobrinha.............88

Sopa de alho francês, tomate e pão.............91

Sopa de Abobrinha e Tomate.............93

Sopa de Abobrinha e Batata.............95

Sopa Cremosa De Funcho.............97

Sopa de cogumelos e batata.............99

creme de couve-flor.............101

Sopa siciliana de tomate e cevada 103

sopa de pimenta vermelha 105

Fontina, pão e sopa de couve 107

sopa cremosa de cogumelos 109

Pesto Sopa De Legumes 111

Sopa de Ovo Pavia 113

torta salgada 116

Torta de espinafre e ricota 119

torta de alho-poró 121

Sanduíches de mussarela, manjericão e pimenta assada 123

Sanduíches de espinafre e robiola 125

Sanduíche Riviera 127

Sandes triangulares de atum e pimentos assados 130

Sanduíches triangulares de presunto e figo 132

Maçãs Assadas Amaretto 134

Torta de Maçã da Lívia 137

Damascos em calda de limão 140

Bagas com Limão e Açúcar 142

Morangos com Vinagre Balsâmico 144

Framboesas com Mascarpone e Vinagre Balsâmico 146

Cerejas em Barolo 148

castanhas assadas quentes 150

compota de figo 152

Figos mergulhados em chocolate 154

Figos em calda de vinho 156

Figos assados da Dora 158

Honeydew em calda de menta 160

Laranjas em calda de laranja 161

Laranjas Gratinadas com Zabaglione 163

Pêssegos Brancos em Asti Spumante 165

Pêssegos em vinho tinto 166

Pêssegos recheados com Amaretti 167

Peras em Molho de Laranja 169

Peras com Marsala e Creme 171

Peras com molho de chocolate quente 173

Peras Temperadas ao Rum 175

Peras Temperadas com Pecorino 177

Peras Escalfadas com Gorgonzola 180

Bolo Pudim de Pêra ou Maçã 182

compota de fruta quente 185

Fruta Caramelizada Veneziana 187

Frutas com Mel e Grappa 189

salada de frutas de inverno 191

Frutas de verão grelhadas 193

ricota quente com mel 195

café ricota 196

Mascarpone e pêssegos 198

Espuma de Chocolate com Framboesas 200

Tiramisu 202

tiramisu de morango 205

bagatela italiana 207

sabayon 209

Zabaglione de Chocolate 211

Zabaglione frio com frutas vermelhas 213

Geleia De Limão 215

Geleia De Rum De Laranja 217

Coelho com Vinho Branco e Ervas

Vinho Branco Coniglio

Rende 4 porções

Esta é uma receita básica de coelho da Ligúria que pode ser variada adicionando azeitonas pretas ou verdes ou outras ervas. Os cozinheiros desta região preparam o coelho de muitas maneiras diferentes, inclusive com pinhões, cogumelos ou alcachofras.

1 coelho (2 1/2 a 3 libras), cortado em 8 pedaços

Sal e pimenta-do-reino moída na hora

3 colheres de sopa de azeite

1 cebola pequena bem picada

1 1/2 xícara de cenoura bem picadinha

1 1/2 xícara de aipo finamente picado

1 colher de sopa de folhas frescas de alecrim picadas

1 colher de chá de tomilho fresco picado

1 folha de louro

1/2 xícara de vinho branco seco

1 xícara de caldo de galinha

1. Lave os pedaços de coelho e seque com papel toalha. Polvilhe com sal e pimenta.

2. Em uma frigideira grande, aqueça o óleo em fogo médio. Adicione o coelho e doure levemente por todos os lados, cerca de 15 minutos.

3. Polvilhe a cebola, a cenoura, o aipo e as ervas ao redor dos pedaços de coelho e cozinhe até a cebola amolecer, cerca de 5 minutos.

4. Adicione o vinho e leve para ferver. Cozinhe até que a maior parte do líquido tenha evaporado, cerca de 2 minutos. Adicione o caldo e leve para ferver. Reduza o calor ao mínimo. Tampe a panela e cozinhe, virando o coelho ocasionalmente com uma pinça, até ficar macio quando perfurado com um garfo, cerca de 30 minutos.

5. Transfira o coelho para uma travessa. Cubra e mantenha aquecido. Aumente o fogo e cozinhe o conteúdo da panela até reduzir e engrossar, cerca de 2 minutos. Descarte a folha de louro.

6.Despeje o conteúdo da panela sobre o coelho e sirva imediatamente.

coelho com azeitonas

Coniglio alla stimperata

Rende 4 porções

Pimenta vermelha, azeitonas verdes e alcaparras dão sabor a este prato de coelho ao estilo siciliano. O termo alla stimperata é aplicado a várias receitas sicilianas, embora seu significado não seja claro. Pode vir de temperare, que significa "dissolver, diluir ou misturar" e refere-se a adicionar água à panela enquanto o coelho está cozinhando.

1 coelho (21/2 a 3 libras), cortado em 8 pedaços

1 1/4 xícara de azeite

3 dentes de alho, picados

1 xícara de azeitonas verdes sem caroço, lavadas e escorridas

2 pimentões vermelhos, cortados em tiras finas

1 colher de sopa de alcaparras, lavadas

pitada de orégano

Sal e pimenta-do-reino moída na hora

2 colheres de sopa de vinagre de vinho branco

1/2 xícara de água

1. Lave os pedaços de coelho e seque com papel toalha.

2. Em uma frigideira grande, aqueça o óleo em fogo médio. Adicione o coelho e doure bem os pedaços de todos os lados, cerca de 15 minutos. Transfira os pedaços de coelho para um prato.

3. Adicione o alho à panela e cozinhe por 1 minuto. Adicione as azeitonas, o pimentão, as alcaparras e o orégano. Cozinhe, mexendo, 2 minutos.

4. Devolva o coelho à panela. Tempere com sal e pimenta a gosto. Adicione o vinagre e a água e deixe ferver. Reduza o calor ao mínimo. Cubra e cozinhe, virando o coelho ocasionalmente, até ficar macio quando perfurado com um garfo, cerca de 30 minutos. Adicione um pouco de água se o líquido evaporar. Transfira para uma travessa e sirva quente.

Coelho, Estilo Porchetta

Coniglio em Porchetta

Rende 4 porções

A combinação de temperos usada para fazer o porco assado é tão deliciosa que os cozinheiros a adaptaram a outras carnes mais confortáveis de cozinhar. Funcho selvagem é usado na região de Marches, mas sementes de funcho secas podem ser substituídas.

1 coelho (2 1/2 a 3 libras), cortado em 8 pedaços

Sal e pimenta-do-reino moída na hora

2 colheres de sopa de azeite

2 onças de bacon

3 dentes de alho bem picados

2 colheres de sopa de alecrim fresco picado

1 colher de sopa de sementes de funcho

2 ou 3 folhas de sálvia

1 folha de louro

1 cálice de vinho branco seco

1/2 xícara de água

1. Lave os pedaços de coelho e seque com papel toalha. Polvilhe com sal e pimenta.

2. Em uma frigideira grande o suficiente para acomodar os pedaços de coelho em uma única camada, aqueça o óleo em fogo médio. Coloque os pedaços na panela. Espalhe o bacon por toda parte. Cozinhe até que o coelho esteja dourado de um lado, cerca de 8 minutos.

3. Vire o coelho e polvilhe o alho, o alecrim, o funcho, a sálvia e o louro. Quando o coelho estiver dourado do outro lado, passados cerca de 7 minutos, junte o vinho e mexa, raspando o fundo do tacho. Ferva o vinho por 1 minuto.

4. Cozinhe descoberto, virando a carne ocasionalmente, até que o coelho esteja bem macio e caindo do osso, cerca de 30 minutos. (Adicione um pouco de água se a panela ficar muito seca.)

5. Descarte a folha de louro. Transfira o coelho para uma travessa e sirva quente com os sucos da panela.

Salada de Arroz e Camarão

Insalata di Riso com Gamberi

Rende 4 porções

Fiumicino, nos arredores de Roma, é mais conhecido como a localização de um dos maiores aeroportos da Itália, em homenagem ao artista Leonardo Da Vinci. Mas Fiumicino também é um porto marítimo, onde os romanos gostam de ir no verão para aproveitar a brisa fresca e comer em um dos excelentes restaurantes de frutos do mar ao longo da costa. No Bastianelli al Molo, sentamos no terraço sob um grande guarda-sol branco e olhamos o mar. Eu tive uma refeição com vários pratos que incluía esta salada simples de arroz e camarão.

Arroz de grão longo cozido endurece quando refrigerado, então faça esta salada um pouco antes de planejá-la.

2 xícaras de arroz de grão longo

⅓ xícara de azeite extra virgem

3 colheres de sopa de suco de limão fresco

1 libra de camarão médio, descascado e limpo

1 maço de rúcula

2 tomates médios, cortados em rodelas

1. Leve 4 xícaras de água para ferver em uma panela grande. Adicione o arroz e 1 colher de chá de sal. Mexa bem. Reduza o fogo para baixo, tampe a panela e cozinhe até que o arroz esteja macio, 16 a 18 minutos. Despeje o arroz em uma tigela grande.

2. Em uma tigela pequena, misture o óleo, o suco de limão e sal e pimenta a gosto. Adicione metade do molho ao arroz e deixe esfriar.

3. Apare os caules duros da rúcula e descarte as folhas amareladas ou machucadas. Lave a rúcula em várias trocas de água fria. Seque muito bem. Corte a rúcula em pedaços pequenos.

4. Leve 2 litros de água para ferver em uma panela média. Adicione o camarão e sal a gosto. Leve para ferver e cozinhe até que o camarão esteja rosado e apenas cozido, cerca de 2 minutos. Escorra e esfrie em água corrente.

5. Corte o camarão em pedaços pequenos. Adicione o camarão e a rúcula ao arroz. Adicione o restante do molho e mexa bem. Prove e ajuste o tempero. Decore com os tomates. Sirva imediatamente.

Salada de camarão, laranja e anchova

Insalata di Gamberi, Arancia e Acciughe

Rende 4 porções

Um dos meus restaurantes venezianos favoritos é o La Corte Sconta, "o pátio escondido". Apesar do nome, não é muito difícil de encontrar, pois é uma trattoria muito popular, servindo um menu fixo de todos os pratos de frutos do mar. Esta salada, apimentada com mostarda de Dijon, é inspirada numa que comi lá.

1 cebola roxa pequena, em fatias finas

2 colheres de chá de mostarda Dijon

1 dente de alho, levemente amassado

4 colheres de chá de suco de limão fresco

1/4 xícara de azeite extra virgem

1 colher de chá de alecrim fresco picado

Sal e pimenta-do-reino moída na hora

24 camarões grandes, descascados e eviscerados

4 laranjas de umbigo, descascadas, com miolo branco removido e fatiado

1 (2 onças) pode filés de anchova, escorrido

1. Coloque a cebola em uma tigela média cheia de água bem fria para cobrir. Deixe repousar 10 minutos. Escorra a cebola e cubra novamente com água bem fria e deixe descansar por mais 10 minutos. (Isso tornará o sabor da cebola menos forte.) Seque a cebola.

2. Em uma tigela grande, misture a mostarda, o alho, o suco de limão, o azeite e o alecrim com sal e pimenta-do-reino moída na hora a gosto.

3. Em uma panela média com água, leve para ferver em fogo médio. Adicione o camarão e sal a gosto. Cozinhe até que os camarões fiquem rosados e cozidos, cerca de 2 minutos, dependendo do tamanho. Escorra e esfrie em água corrente.

4. Adicione o camarão à tigela com o molho e misture bem. Disponha o agrião nos pratos de servir. Cubra com as fatias de laranja. Despeje o camarão e o molho sobre as laranjas. Espalhe as rodelas de cebola por cima. Sirva imediatamente.

Salada de sardinha e rúcula

Salata con le Sarde

Rende 2 porções

Esta salada é baseada em uma que experimentei em Roma, que foi servida em uma fatia grossa de pão torrado e servida como bruschetta. Embora eu tenha gostado da combinação, foi difícil comer. Eu prefiro servir o pão como acompanhamento. As conservas de sardinha em azeite têm um delicioso sabor a fumado que acrescenta muito a esta simples salada.

1 maço grande de rúcula

2 colheres de sopa de azeite

1 colher de sopa de suco de limão fresco

Sal e pimenta-do-reino moída na hora

½ xícara de azeitonas pretas curadas, sem caroço e cortadas em 2 ou 3 pedaços

1 lata de sardinha em azeite

2 cebolas verdes, em fatias finas

4 fatias de pão italiano torrado

1. Apare os caules duros da rúcula e descarte as folhas amareladas ou machucadas. Lave a rúcula em várias trocas de água fria. Seque muito bem. Corte a rúcula em pedaços pequenos.

2. Em uma tigela grande, misture o óleo, o suco de limão e sal e pimenta a gosto. Junte a rúcula, as azeitonas, a sardinha e a cebolinha e misture bem. Prove e ajuste o tempero.

3. Sirva imediatamente com o pão torrado.

Salada de Vieiras Grelhadas

Salata di Capesante alla Griglia

Rende de 3 a 4 porções.

Vieiras grandes e carnudas são deliciosas grelhadas e servidas em uma cama de verduras e tomates tenros. As vieiras podem ser cozidas em uma grelha ao ar livre, mas eu faço essa salada o ano todo, então cozinho as vieiras com mais frequência em uma assadeira. Esta salada é inspirada por uma que eu sempre apreciei no I Trulli Restaurant e na Enoteca em Nova York.

Azeite de oliva

1 libra de vieiras grandes, enxaguadas

2 colheres de sopa de suco de limão fresco

Sal e pimenta-do-reino moída na hora

2 colheres de sopa de manjericão fresco picado

1 colher de sopa de hortelã fresca picada

2 tomates grandes maduros cortados em pedaços pequenos

6 xícaras de salada verde baby, cortadas em pedaços pequenos

1. Aqueça uma grelha em fogo médio-alto até que uma gota de água chia ao cair na superfície. Pincele a frigideira levemente com óleo.

2. Seque as vieiras e coloque-as na panela. Cozinhe até que as vieiras estejam levemente douradas, cerca de 2 minutos. Vire as vieiras e cozinhe até dourar e levemente translúcido no centro, mais 1 a 2 minutos.

3. Em uma tigela grande, misture o suco de limão com 3 colheres de sopa de óleo. Adicione as vieiras e misture bem. Deixe repousar 5 minutos, mexendo uma ou duas vezes.

4. Adicione as ervas e os tomates às vieiras e mexa delicadamente.

5. Disponha a alface em pratos de servir. Cubra com a mistura de vieiras e sirva imediatamente.

salada de caranguejo veneziano

Salata di Granseola

Rende 6 porções

Veneza tem muitos bares de vinho, chamados bacari, onde as pessoas se reúnem para encontrar os amigos com uma taça de vinho e pequenos pratos de comida. Esta delicada salada feita de caranguejos grandes, chamada granseole, costuma ser servida como cobertura para crostini. Em restaurantes mais formais, você o encontrará elegantemente servido em xícaras de radicchio. É um bom aperitivo para uma refeição de verão.

2 colheres de sopa de salsa fresca picada

1/4 xícara de azeite extra virgem

2 colheres de sopa de suco de limão fresco

Sal e pimenta-do-reino moída na hora a gosto.

1 libra de carne de caranguejo fresca, aparada

folhas de radicchio

1. Em uma tigela média, misture a salsinha, o azeite, o suco de limão, o sal e a pimenta a gosto. Adicione a carne de siri e mexa bem. Eu gosto de temperar.

2. Disponha as folhas de radicchio nos pratos de servir. Coloque a salada sobre as folhas. Sirva imediatamente.

Salada de Lulas com Rúcula e Tomate

salada de lula

Rende 6 porções

Os cortes cruzados na superfície da lula (lula) fazem com que os pedaços se enrolem bem enquanto cozinham. Isso não apenas amacia a lula, mas também a torna muito atraente.

Para melhor sabor, deixe marinar bem. Você pode preparar a lula com até três horas de antecedência.

1 1/2 libras de lula limpa (lula)

2 dentes de alho picados

2 colheres de sopa de salsa fresca picada

5 colheres de sopa de azeite

2 colheres de sopa de suco de limão fresco

Sal e pimenta-do-reino moída na hora

1 maço grande de rúcula

1 colher de vinagre balsâmico

1 xícara de tomate cereja ou uva, cortados ao meio

1. Corte as lulas no sentido do comprimento e abra-as na horizontal. Com uma faca afiada, marque os corpos, fazendo linhas diagonais com cerca de 1/4 de polegada de distância. Gire a faca e faça linhas diagonais na direção oposta, formando um padrão cruzado. Corte cada lula em quadrados de 2 polegadas. Corte a base de cada grupo de tentáculos ao meio. Lave e escorra os pedaços e coloque-os em uma tigela.

2. Adicione o alho, salsa, 2 colheres de sopa de azeite, suco de limão e sal e pimenta a gosto e misture bem. Cubra e deixe marinar até 3 horas antes de cozinhar.

3. Transfira a lula e a marinada para uma frigideira grande. Cozinhe em fogo médio-alto, mexendo sempre, apenas até a lula ficar opaca, cerca de 5 minutos.

4. Apare os caules duros da rúcula e descarte as folhas amareladas ou machucadas. Lave a rúcula em várias trocas de água fria. Seque muito bem. Corte a rúcula em pedaços pequenos. Coloque a rúcula em uma tigela.

5. Em uma tigela pequena, misture as 3 colheres de sopa restantes de azeite e vinagre, sal e pimenta a gosto. Despeje sobre a rúcula

e misture bem. Disponha as lulas sobre a rúcula. Espalhe os tomates por cima e sirva imediatamente.

salada de lagosta

Salata di Aragosta

Rende de 4 a 6 porções

A Sardenha é famosa por seus frutos do mar, especialmente lagostas, conhecidas como astice, e camarões doces. Meu marido e eu comemos esta salada fresca em uma pequena trattoria à beira-mar em Alghero enquanto observávamos os pescadores consertando suas redes para o trabalho do dia seguinte. Um deles estava sentado no cais descalço. Com os dedos dos pés, ela agarrou uma ponta da rede e a manteve esticada para que ambas as mãos ficassem livres para costurar.

Esta salada pode ser uma refeição completa ou um primeiro prato. Uma garrafa de vernaccia fria da Sardenha seria o acompanhamento perfeito.

Alguns mercados de peixe cozinham as lagostas para você, economizando um passo.

4 lagostas (cerca de 1 1/4 libras cada)

1 cebola roxa média, cortada ao meio e em fatias finas

6 folhas de manjericão

4 costelas de aipo bebê, em fatias finas

Cerca de 1/2 xícara de azeite extra virgem

2 a 3 colheres de sopa de suco de limão fresco

Sal e pimenta-do-reino moída na hora

Folhas de alface

8 fatias finas de pão italiano crocante

1 dente de alho

3 tomates grandes maduros cortados em rodelas

1. Coloque uma grade ou cesta de vapor no fundo de uma panela grande o suficiente para conter todas as quatro lagostas. (Um pote de 8 ou 10 litros deve funcionar.) Adicione água até chegar logo abaixo do rack. Traga água para a fervura. Adicione as lagostas e tampe a panela. Quando a água voltar a ferver e o vapor sair da panela, cozinhe as lagostas por 10 minutos ou mais, dependendo do tamanho. Transfira as lagostas para uma travessa e deixe esfriar.

2. Coloque a cebola em uma tigela pequena e cubra com água gelada. Deixe repousar 15 minutos. Substitua a água e deixe repousar mais 15 minutos. Escorra e seque.

3. Enquanto isso, retire a carne de lagosta das cascas. Quebre as caudas de lagosta. Usando tesouras de aves, remova a casca fina que cobre a carne da cauda. Bata nas garras com o lado cego da faca para quebrá-las. Abra suas garras. Retire a carne com os dedos. Corte a carne em fatias finas e coloque em uma tigela grande.

4. Empilhe as folhas de manjericão e corte-as transversalmente em tiras finas. Adicione o manjericão, aipo e cebola à tigela com a lagosta. Regue com 1/4 de xícara de azeite e o suco de limão e polvilhe com sal e pimenta a gosto. Misture bem. Disponha a mistura de lagosta em quatro pratos forrados com folhas de alface.

5. Toste o pão e esfregue-o com um dente de alho picado. Regue as torradas com o restante azeite e polvilhe com sal. Decore a travessa com as torradas e as rodelas de tomate. Sirva imediatamente.

Salada toscana de atum e feijão

Insalata di Tonno alla Toscana

Rende 6 porções

Os cozinheiros toscanos são famosos por sua habilidade de cozinhar o feijão com perfeição. Macio, cremoso e cheio de sabor, o feijão transforma um prato comum em algo especial, como esta clássica salada. Se encontrar, compre ventresca di tonno, barriga de atum enlatada em bom azeite. A barriga é considerada a parte mais fina do atum. É mais caro, mas cheio de sabor, com uma textura carnuda.

3 colheres de sopa de azeite extra virgem

1 a 2 colheres de sopa de suco de limão fresco

Sal e pimenta-do-reino moída na hora

3 xícaras de feijão cannellini cozido ou enlatado, escorrido

2 costelas de aipo bebê, em fatias finas

1 cebola roxa pequena, cortada em fatias bem finas

2 (7 onças) latas de atum italiano embalado em azeite

2 a 3 endívias belgas, aparadas e separadas em lanças

1. Em uma tigela média, misture o óleo, suco de limão e sal a gosto e uma pitada generosa de pimenta.

2. Adicione o feijão, o aipo, a cebola e o atum. Mexa bem.

3. Arrume os talos de endívia em uma tigela. Cubra com a salada. Sirva imediatamente.

Salada de atum com cuscuz

Insalata di Tonno e Cuscusu

Rende 4 porções

O cuscuz é consumido em várias regiões italianas, incluindo partes da Sicília e da Toscana. Todos os anos, a cidade siciliana de San Vito Lo Capo realiza um festival de cuscuz que atrai centenas de milhares de visitantes de todo o mundo. Tradicionalmente, o cuscuz é preparado com uma variedade de frutos do mar, carne ou legumes e servido quente. Esta salada rápida de atum e cuscuz é um prato moderno e satisfatório.

1 xícara de cuscuz de cozimento rápido

Sal

2 colheres de sopa de manjericão fresco picado

3 colheres de sopa de azeite

2 colheres de sopa de suco de limão

pimenta preta moída na hora

1 (7 onças) lata de atum italiano embalado em azeite

2 costelas de aipo baby, picadas

1 tomate picado

1 pepino pequeno, descascado, sem sementes e picado

1. Cozinhe o cuscuz com sal a gosto, de acordo com as instruções da embalagem.

2. Em uma tigela pequena, misture o manjericão, azeite, suco de limão e sal e pimenta a gosto. Adicione o cuscuz quente. Misture bem. Prove e ajuste o tempero. Escorra o atum e coloque-o na tigela com o aipo, o tomate e o pepino.

3. Mexa bem. Prove e ajuste o tempero. Sirva em temperatura ambiente ou leve à geladeira brevemente.

Salada de Atum com Feijão e Rúcula

Insalata di Tonno, Fagioli e Rucola

Rende de 2 a 4 porções

Acho que poderia escrever um livro inteiro sobre minhas saladas de atum favoritas. Este é um que faço frequentemente para um almoço ou jantar rápido.

1 maço grande de rúcula ou agrião

2 xícaras de cannellini cozido ou enlatado ou feijão de cranberry, escorrido

1 (7 onças) lata de atum italiano embalado em azeite

1/4 xícara de cebola roxa picada

2 colheres de sopa de alcaparras, lavadas e escorridas

1 colher de sopa de suco de limão fresco

Sal e pimenta-do-reino moída na hora

Rodelas de limão para decorar

1. Apare os caules duros da rúcula ou agrião e descarte as folhas amareladas ou machucadas. Lave a rúcula em várias trocas de água fria. Seque muito bem. Corte os legumes em pedaços pequenos.

2.Numa saladeira grande, junte o feijão, o atum e o respetivo azeite, a cebola roxa, as alcaparras e o sumo de limão. Misture bem.

3.Adicione os legumes e sirva decorado com rodelas de limão.

Salada de atum às sextas-feiras à noite

Salata di Venerdi Sera

Rende 4 porções

Houve um tempo em que as sextas-feiras eram dias sem carne nos lares católicos. O jantar em nossa casa geralmente consistia em macarrão com feijão e esta salada fácil.

1 (7 onças) lata de atum italiano embalado em azeite

2 costelas de aipo com folhas, aparadas e fatiadas

2 tomates médios, cortados em pedaços pequenos

2 ovos cozidos, descascados e cortados em quartos

3 a 4 rodelas de cebola roxa, cortadas em fatias finas e esquartejadas

pitada de orégano seco

2 colheres de sopa de azeite extra virgem

1 1/2 cabeça média de alface romana, lavada e seca

rodelas de limão

1. Coloque o atum com o azeite numa tigela grande. Parta o atum em pedaços com um garfo.

2. Adicione o aipo, os tomates, os ovos e a cebola ao atum. Polvilhe com orégano e azeite e misture levemente.

3. Coloque as folhas de alface em uma tigela. Cubra com a salada de atum. Decore com rodelas de limão e sirva imediatamente.

Molho de Gorgonzola e Avelã

Molho gorgonzola e nocciole

Rende cerca de 2/3 xícara

Eu comi esse molho no Piemonte, onde era servido com folhas de escarola, mas fica bom com vários vegetais mastigáveis, como frisée, escarola ou espinafre.

4 colheres de sopa de azeite extra virgem

1 colher de sopa de vinagre de vinho tinto

Sal e pimenta-do-reino moída na hora

2 colheres de gorgonzola esfarelada

1/4 chávena de avelãs tostadas picadas (ver<u>Como assar e descascar nozes</u>)

Em uma tigela pequena, misture o azeite, o vinagre, o sal e a pimenta a gosto. Adicione o gorgonzola e as avelãs. Sirva imediatamente.

Molho de Creme de Limão

Salsa di Limone alla Panna

Faz cerca de 1/3 xícara

Um pouco de creme amolece um molho de limão. Eu gosto disso em folhas de alface.

3 colheres de sopa de azeite extra virgem

1 colher de sopa de suco de limão fresco

1 colher de sopa de creme de leite

Sal e pimenta-do-reino moída na hora

Em uma tigela pequena, misture todos os ingredientes. Sirva imediatamente.

Molho de laranja e mel

Citronette al'Arancia

Faz cerca de 1/3 xícara

A doçura deste molho o torna uma combinação perfeita para verduras mistas como o mezclum. Ou experimente com uma combinação de agrião, cebola roxa e azeitona preta.

3 colheres de sopa de azeite extra virgem

1 colher de chá de mel

2 colheres de sopa de suco de laranja fresco

Sal e pimenta-do-reino moída na hora

Em uma tigela pequena, misture todos os ingredientes. Sirva imediatamente.

Caldo de carne

brodo de carne

Faz cerca de 4 quartos

Aqui está um caldo básico feito com diferentes tipos de carne para usar em sopas, risotos e ensopados. Um bom caldo deve ser cheio de sabor, mas não tão agressivo a ponto de tomar conta do sabor do prato. Carne bovina, vitela e aves podem ser usadas, mas evite carne de porco ou cordeiro. Seu sabor é forte e pode sobrecarregar o caldo. Varie as proporções das carnes para este caldo ao seu gosto ou dependendo dos ingredientes que tiver à mão.

2 libras de ossos de carne bovina

2 libras de ombro de boi com osso

2 libras de pedaços de frango ou peru

2 cenouras, aparadas e cortadas em 3 ou 4 pedaços

2 costelas de aipo com folhas, cortadas em 3 ou 4 pedaços

2 cebolas médias, descascadas, mas deixadas inteiras

1 tomate grande ou 1 xícara de tomate enlatado picado

1 dente de alho

3 a 4 ramos de salsa fresca de folhas planas com talos

1. Em uma panela grande, misture a carne, os ossos e as partes do frango. Adicione 6 litros de água fria e deixe ferver em fogo médio.

2. Ajuste o fogo para que a água esteja apenas fervendo. Retire a espuma e a gordura que sobe à superfície do caldo.

3. Quando a espuma parar de subir, adicione os ingredientes restantes. Cozinhe por 3 horas, regulando o fogo para que o líquido borbulhe suavemente.

4. Deixe o caldo esfriar brevemente e, em seguida, coe em recipientes de armazenamento de plástico. O caldo pode ser usado imediatamente ou deixado esfriar completamente, depois cubra e guarde na geladeira por até 3 dias ou no freezer por até 3 meses.

Caldo de frango

brodo de frango

Faz cerca de 4 quartos

Uma galinha mais velha, conhecida como ave, dá ao caldo um sabor mais encorpado e rico do que uma ave mais jovem. Se você não conseguir encontrar um pássaro, tente adicionar asas ou pescoços de peru ao caldo, mas não use muito peru ou o sabor vai sobrecarregar o frango.

Após o cozimento, grande parte do sabor da carne desaparece, mas os cozinheiros italianos econômicos usam-na para fazer uma salada ou picá-la para fazer uma massa ou recheio de vegetais.

1 ave ou frango inteiro de 4 libras

2 libras de pedaços de frango ou peru

2 costelas de aipo com folhas, fatiadas

2 cenouras picadas

2 cebolas médias, descascadas e deixadas inteiras

1 tomate grande ou 1 xícara de tomate enlatado picado

1 dente de alho

3 ou 4 ramos de salsa fresca

1.Coloque as aves e as partes de frango ou peru em uma panela grande. Adicione 5 litros de água fria e deixe ferver em fogo médio.

2.Ajuste o fogo para que a água esteja apenas fervendo. Retire a espuma e a gordura que sobe à superfície do caldo.

3.Quando a espuma parar de subir, adicione os ingredientes restantes. Cozinhe por 2 horas, regulando o fogo para que o líquido borbulhe suavemente.

4.Deixe o caldo esfriar brevemente e, em seguida, coe em recipientes de armazenamento de plástico. O caldo pode ser usado imediatamente ou deixado esfriar completamente, depois cubra e guarde na geladeira por até 3 dias ou no freezer por até 3 meses.

Sopa de Feijão da Antonietta

Zuppa di Fagioli

Rende 8 porções

Quando visitei a vinícola da família Pasetti em Abruzzo, a cozinheira Antonietta preparou esta sopa de feijão para o almoço. É baseado no clássico Ragù estilo Abruzzo, mas você pode usar outro molho de tomate com ou sem carne.

Um moedor de alimentos é usado para alisar os grãos e remover a pele. A sopa também pode ser transformada em purê em um processador de alimentos ou liquidificador. Antonietta serviu a sopa com Parmigiano-Reggiano ralado na hora, embora ela nos diga que é tradicional para os comensais daquela região temperar a sopa com as sementes de um pimentão verde fresco. Ao lado do queijo ralado, passou um prato com pimenta malagueta e uma faca, para que cada convidado picasse e acrescentasse o seu.

2 xícaras Ragù estilo Abruzzo, ou outra carne ou molho de tomate

3 xícaras de água

4 xícaras de feijão cannellini seco ou enlatado ou cranberries, cozidos, escorridos

Sal e pimenta-do-reino moída na hora a gosto.

4 onças de espaguete, cortadas ou quebradas em pedaços de 2 polegadas

Parmigiano-Reggiano ralado na hora

1-2 pimentas verdes frescas, como jalapeño (opcional)

1.Prepare o ragù, se necessário. Em seguida, em uma panela grande, misture o ragù e a água. Passe o feijão por um moedor de alimentos na panela. Cozinhe em fogo baixo, mexendo de vez em quando, até a sopa esquentar. Adicione sal e pimenta a gosto.

2.Adicione o macarrão e mexa bem. Cozinhe, mexendo sempre, até a massa ficar lisa. Adicione um pouco mais de água se a sopa ficar muito grossa.

3.Sirva quente ou morno. Passe o queijo e as pimentas frescas, se estiver usando, separadamente.

Macarrão e Feijão

Macarrão e Fagioli

Rende 8 porções

Esta versão napolitana de sopa de feijão e macarrão (conhecida por seu nome no dialeto como "massa fazool") é normalmente servida bem grossa, mas ainda deve ser consumida com uma colher.

1/4 xícara de azeite

2 costelas de aipo picadas (cerca de 1 xícara)

2 dentes de alho finamente picados

1 xícara de tomates frescos sem pele, sem sementes e picados ou tomates enlatados

Pitada de pimenta vermelha moída

Sal

3 xícaras de feijão cannellini cozido, seco ou enlatado ou feijão Great Northern, escorrido

8 onças ditalini ou espaguete quebrado

1. Despeje o óleo em uma panela grande. Adicione o aipo e o alho. Cozinhe, mexendo sempre, em fogo médio até que os legumes estejam macios e dourados, cerca de 10 minutos. Adicione os tomates, pimenta vermelha esmagada e sal a gosto. Cozinhe até engrossar ligeiramente, cerca de 10 minutos.

2. Adicione o feijão ao molho de tomate. Leve a mistura para ferver. Esmague um pouco do feijão com as costas de uma colher grande.

3. Leve uma panela grande de água para ferver. Adicione sal a gosto e depois o macarrão. Mexa bem. Cozinhe em fogo alto, mexendo sempre, até a massa ficar macia, mas levemente mal cozida. Escorra o macarrão, reservando um pouco da água do cozimento.

4. Adicione a pasta à mistura de feijão. Adicione um pouco da água do cozimento, se necessário, mas a mistura deve ficar bem grossa. Desligue o fogo e deixe descansar por cerca de 10 minutos antes de servir.

Sopa de Feijão Cremosa

Crema di Fagioli

Rende de 4 a 6 porções

Encontrei uma versão desta receita em A Tavola ("À Mesa"), uma revista de culinária italiana. Cremosa e suave, esta sopa é pura comida de conforto.

3 xícaras de feijão cannellini cozido, seco ou enlatado ou feijão Great Northern, escorrido

Aproximadamente 2 xícaras caseiras<u>Caldo de carne</u>ou uma mistura de meio caldo de carne comprado em loja e meia água

1 1/2 xícara de leite

2 gemas

½ xícara de Parmigiano-Reggiano ralado na hora e mais para servir

Sal e pimenta-do-reino moída na hora

1. Bata o feijão em um processador de alimentos, liquidificador ou moedor de alimentos.

2. Em uma panela média, leve o caldo para ferver em fogo médio. Adicione o purê de feijão e volte a ferver.

3. Em uma tigela pequena, bata o leite e as gemas. Despeje cerca de uma xícara da sopa na tigela e bata até ficar homogêneo. Despeje a mistura na panela. Cozinhe, mexendo, até ficar bem quente, mas sem ferver.

4. Adicione o Parmigiano-Reggiano e sal e pimenta a gosto. Sirva quente com uma pitada de queijo adicional.

Sopa friulana de cevada e feijão

Zuppa di Orzo e Fagioli

Rende 6 porções

Embora seja mais conhecido nos Estados Unidos como uma forma de massa pequena, orzo em italiano é o nome da cevada, um dos primeiros grãos cultivados. A região que hoje é Friuli, na Itália, já fez parte da Áustria. A presença da cevada revela as raízes austríacas desta sopa.

Se estiver usando feijão pré-cozido ou enlatado, substitua 3 xícaras ou duas latas de 16 onças de feijão escorrido, reduza a água para 4 xícaras e cozinhe a sopa por apenas 30 minutos na Etapa 2. Em seguida, proceda conforme as instruções.

2 colheres de sopa de azeite

2 onças de bacon finamente picado

2 costelas de aipo, picadas

2 cenouras picadas

1 cebola média picada

1 dente de alho bem picado

1 xícara (cerca de 8 onças) de cannellini seco ou grandes feijões do norte

1/2 xícara de cevadinha, lavada e escorrida

Sal e pimenta-do-reino moída na hora

1. Despeje o óleo em uma panela grande. Adicione o bacon. Cozinhe, mexendo sempre, em fogo médio até que a pancetta esteja levemente dourada, cerca de 10 minutos. Adicione o aipo, cenoura, cebola e alho. Cozinhe, mexendo sempre, até que os legumes fiquem dourados, cerca de 10 minutos.

2. Adicione o feijão e 8 xícaras de água. Leve ao fogo brando. Cubra e cozinhe por 1 ½ a 2 horas ou até o feijão ficar bem macio.

3. Esmague um pouco do feijão com as costas de uma colher grande. Adicione a cevada, sal e pimenta a gosto. Cozinhe por 30 minutos ou até a cevada ficar macia. Mexa a sopa com frequência para que a cevada não grude no fundo da panela. Adicione água se a sopa estiver muito grossa. Sirva quente ou morno.

Sopa de feijão e cogumelos

Minestra di Fagioli e Funghi

Rende 8 porções

Um dia frio de outono na Toscana me fez desejar uma tigela de sopa saudável e levou a uma refeição simples, mas memorável. No Il Prato, um restaurante em Pienza, o garçom anunciou que a cozinha havia preparado uma sopa especial de feijão naquele dia. A sopa estava deliciosa, com um sabor terroso e defumado que mais tarde descobri que vinha da adição de cogumelos porcini secos. Depois da sopa, pedi um excelente queijo pecorino pelo qual Pienza é famosa.

1 1/2 onça de cogumelos porcini secos

1 xícara de água morna

2 cenouras médias, picadas

1 costela de aipo, picada

1 cebola média picada

1 xícara de tomates frescos sem pele, sem sementes e picados ou tomates enlatados

1 1/4 xícara de salsa fresca picada

6 copos caseiros<u>Caldo de carne</u>qualquer<u>Caldo de frango</u>ou uma mistura de meio caldo comprado em loja e meia água

3 xícaras de cannellini cozido, seco ou enlatado, ou feijão grande do norte, escorrido

¹1/2 xícara de arroz de grão médio, como Arborio

Sal e pimenta-do-reino moída na hora a gosto.

1. Mergulhe os cogumelos na água por 30 minutos. Retire os cogumelos e reserve o líquido. Lave os cogumelos em água corrente fria para remover qualquer resíduo, prestando atenção especial aos caules, onde a sujeira se acumula. Pique os cogumelos em pedaços grandes. Coe o líquido do cogumelo através de um filtro de café de papel em uma tigela e reserve.

2. Em uma panela grande, misture os cogumelos e seu líquido, cenoura, aipo, cebola, tomate, salsa e caldo. Leve ao fogo brando. Cozinhe até que os legumes estejam macios, cerca de 20 minutos.

3. Acrescente o feijão e o arroz e sal e pimenta a gosto. Cozinhe até o arroz ficar macio, 20 minutos, mexendo ocasionalmente. Sirva quente ou morno.

Macarrão e Feijão Milão

Macarrão e Fagioli alla Milanese

Rende 8 porções

Sobras de massa fresca, chamadas maltagliati ("corte errado"), são normalmente usadas para esta sopa, ou você pode usar fettuccine fresco cortado em pedaços pequenos.

2 colheres de sopa de manteiga sem sal

2 colheres de sopa de azeite

6 folhas de sálvia fresca

1 colher de sopa de alecrim fresco picado

4 cenouras picadas

4 costelas de aipo picadas

3 batatas médias cozidas picadas

2 cebolas picadas

4 tomates pelados, sem sementes e picados, ou 2 xícaras de tomates enlatados picados

1 libra (cerca de 2 xícaras) de cranberries secas ou feijão cannellini (consulte Feijão Estilo Country) ou 4 latas de 16 onças

Aproximadamente 8 copos caseiros Caldo de carne ou uma mistura de meio caldo de carne ou de legumes industrializado e meio de água

Sal e pimenta-do-reino moída na hora

8 onças maltagliati fresco ou fettuccine fresco, cortado em pedaços de 1 polegada

Azeite virgem extra

1. Em uma panela grande, derreta a manteiga com o azeite em fogo médio. Adicione a sálvia e o alecrim. Adicione cenoura, aipo, batata e cebola. Cozinhe, mexendo sempre, até ficar macio, cerca de 10 minutos.

2. Adicione os tomates e o feijão. Adicione o caldo e sal e pimenta a gosto. Leve a mistura para ferver. Cozinhe até que todos os ingredientes estejam bem macios, cerca de 1 hora.

3. Retire metade da sopa da panela e passe por um moedor de alimentos ou bata no liquidificador. Despeje o purê de volta na panela. Mexa bem e acrescente o macarrão. Leve a sopa para ferver e, em seguida, desligue o fogo.

4.Deixe a sopa esfriar um pouco antes de servir. Sirva quente, com um fio de azeite extra virgem e uma generosa pitada de pimenta.

Sopa de Lentilha e Funcho

Zuppa di Lenticchie e Finocchio

Rende 8 porções

A lentilha é uma das leguminosas mais antigas. Elas podem ser marrons, verdes, vermelhas ou pretas, mas na Itália as melhores lentilhas são as minúsculas verdes de Castelluccio, na Úmbria. Ao contrário do feijão, as lentilhas não precisam ser embebidas antes de cozinhar.

Guarde as pontas de penas da erva-doce para enfeitar a sopa.

1 libra de lentilhas marrons ou verdes, colhidas e enxaguadas

2 cebolas médias, picadas

2 cenouras picadas

1 batata média cozida, descascada e picada

1 xícara de funcho picado

1 xícara de tomates frescos ou enlatados picados

1 1/4 xícara de azeite

Sal e pimenta-do-reino moída na hora

1 xícara de tubetti, ditalini ou conchas pequenas

Xícaras de erva-doce fresca, opcional

Azeite virgem extra

1. Em uma panela grande, misture as lentilhas, cebola, cenoura, batata e erva-doce. Adicione água fria para cobrir em 1 polegada. Leve o líquido para ferver e cozinhe por 30 minutos.

2. Adicione os tomates e o azeite. Adicione sal e pimenta a gosto. Cozinhe até que as lentilhas estejam macias, cerca de mais 20 minutos. Adicione um pouco de água conforme necessário para que as lentilhas fiquem cobertas com o líquido.

3. Adicione o macarrão e cozinhe até que o macarrão esteja macio, mais 15 minutos. Prove e ajuste o tempero. Decore com a parte superior da erva-doce picada, se disponível. Sirva quente ou morno, com um fio de azeite extra virgem.

Sopa de espinafres, lentilhas e arroz

Minestra di Lenticchie e Spinaci

Rende 8 porções

Ao adicionar menos água e omitir o arroz, esta sopa torna-se um acompanhamento para acompanhar peixes grelhados ou lombos de porco. Escarola, couve, repolho, acelga ou outras folhas verdes podem ser usadas no lugar do espinafre.

1 libra de lentilhas, colhidas e lavadas

6 xícaras de água

3 dentes de alho grandes, picados

1 1/4 xícara de azeite extra virgem

8 onças de espinafre, sem caule e cortado em pedaços pequenos

Sal e pimenta-do-reino moída na hora

1 xícara de arroz cozido

1. Em uma panela grande, misture as lentilhas, água, alho e óleo. Deixe ferver e cozinhe em fogo baixo por 40 minutos. Adicione um pouco de água conforme necessário para que as lentilhas fiquem cobertas.

2. Adicione o espinafre e sal e pimenta a gosto. Cozinhe até que as lentilhas estejam macias, cerca de mais 10 minutos.

3. Adicione o arroz e cozinhe até aquecer. Sirva quente com um fio de azeite extra virgem.

Sopa de Lentilha e Legumes

Minestra di Lenticchie e Verdura

Rende 6 porções

Olhe para as lentilhas antes de cozinhar para remover quaisquer pequenas pedras ou detritos. Para uma sopa mais forte, adicione uma ou duas xícaras de ditalini cozido ou espaguete quebrado.

1/4 xícara de azeite

1 cebola média picada

1 costela de aipo, picada

1 cenoura média, picada

2 dentes de alho finamente picados

½ xícara de tomates italianos enlatados picados

8 onças de lentilhas (cerca de 1 xícara), coletadas e enxaguadas

Sal e pimenta-do-reino moída na hora

1 libra de endívia, espinafre ou outras folhas verdes, aparadas e cortadas em pedaços pequenos

½ xícara de Pecorino Romano ou Parmigiano-Reggiano ralado na hora

1. Despeje o óleo em uma panela grande. Adicione a cebola, o aipo, a cenoura e o alho e cozinhe em fogo médio por 10 minutos ou até que os legumes estejam macios e dourados. Adicione os tomates e cozinhe por mais 5 minutos.

2. Adicione as lentilhas, sal e pimenta e 4 xícaras de água. Leve a sopa para ferver e cozinhe por 45 minutos ou até que as lentilhas estejam macias.

3. Adicione os legumes. Cubra e cozinhe por 10 minutos, ou até que os legumes estejam macios. Eu gosto de temperar.

4. Pouco antes de servir, adicione o queijo. Servir quente.

Purê de Sopa de Lentilha com Croutons

Purea di Lenticchie

Rende de 6 a 8 porções

Fatias crocantes de pão cobrem este suave purê de lentilhas da Úmbria. Para adicionar sabor, esfregue os croutons com um dente de alho cru enquanto ainda estiverem quentes.

1 libra de lentilhas, colhidas e lavadas

1 costela de aipo, picada

1 cenoura picada

1 cebola grande picada

1 batata grande fervendo, picada

2 colheres de pasta de tomate

Sal e pimenta-do-reino moída na hora

2 colheres de sopa de azeite extra virgem, mais um pouco para servir

8 fatias de pão italiano ou francês

1. Coloque as lentilhas, legumes e pasta de tomate em uma panela grande. Adicione água fria para cobrir 2 polegadas. Leve ao fogo brando. Cozinhe 20 minutos. Adicione sal a gosto e mais água se necessário para manter os ingredientes cobertos. Cozinhe por mais 20 minutos ou até que as lentilhas estejam bem macias.

2. Escorra o conteúdo da panela, reservando o líquido. Coloque as lentilhas e os vegetais em um processador ou liquidificador e bata, em lotes, se necessário, até ficar homogêneo. Despeje as lentilhas de volta na panela. Tempere a gosto com sal e pimenta. Reaqueça suavemente, adicionando um pouco do líquido de cozimento, se necessário.

3. Em uma frigideira grande, aqueça as 2 colheres de sopa de azeite em fogo médio. Adicione o pão em uma única camada. Cozinhe até tostar e dourar no fundo, 3 a 4 minutos. Vire os pedaços de pão e doure por mais 3 minutos.

4. Retire a sopa do fogo. Despeje em tigelas. Cubra cada tigela com uma fatia de pão torrado. Sirva quente, com um fio de azeite.

Puglia sopa de grão-de-bico

Minestra di Ceci

Rende 6 porções

Na Puglia, esta sopa espessa é feita com tiras curtas de massa fresca conhecida como lagane. Fettuccine fresco cortado em tiras de 3 polegadas pode ser substituído, assim como pequenas formas de massa seca ou espaguete quebrado. Em vez de um caldo, anchovas são usadas para dar sabor a esta sopa, com água como líquido de cozimento. As anchovas derretem na sopa e adicionam muito caráter sem serem óbvias.

⅓ xícara de azeite

3 dentes de alho, levemente amassados

2 ramos de 2 polegadas de alecrim fresco

4 filés de anchova picados

3 1/2 xícaras de grão-de-bico cozido ou 2 latas de 16 onças, escorridas e reservadas

4 onças de fettuccine fresco, cortado em pedaços de 3 polegadas

pimenta preta moída na hora

1. Despeje o óleo em uma panela grande. Adicione o alho e o alecrim e cozinhe em fogo médio, pressionando os dentes de alho com as costas de uma colher grande, até que o alho fique dourado, cerca de 2 minutos. Retire e descarte o alho e o alecrim. Adicione os filés de anchova e cozinhe, mexendo, até que a anchova se dissolva, cerca de 3 minutos.

2. Adicione o grão-de-bico à panela e mexa bem. Amasse metade do grão de bico com as costas de uma colher ou um espremedor de batatas. Adicione água ou líquido de cozimento do grão-de-bico suficiente para cobrir o grão-de-bico. Leve o líquido para ferver.

3. Adicione a pasta. Tempere a gosto com uma moagem generosa de pimenta preta. Cozinhe até que a massa esteja macia, mas firme para morder. Retire do fogo e deixe descansar por 5 minutos. Sirva quente com um fio de azeite extra virgem.

Sopa de Grão-de-bico e Macarrão

Minestra di Ceci

Rende de 6 a 8 porções

Na região de Marche, na Itália central, esta sopa às vezes é feita com quadrucci, pequenos quadrados de massa de ovo fresco. Para fazer quadrucci, corte o fettuccine fresco em pedaços pequenos para formar pequenos quadrados. Deixe cada pessoa regar sua sopa com um pouco de azeite extra virgem.

De todas as leguminosas, acho que o grão-de-bico é o mais difícil de cozinhar. Às vezes, eles demoram muito mais para ficarem macios do que eu esperava. É uma boa ideia fazer esta sopa com antecedência até o passo 2 e depois reaquecê-la e finalizá-la na hora de servir, para garantir que o grão-de-bico tenha bastante tempo para amolecer.

1 libra de grão-de-bico seco, embebido durante a noite (ver<u>Feijão Estilo Country</u>)

1/4 xícara de azeite

1 cebola média picada

2 costelas de aipo, picadas

2 xícaras de tomate em conserva picado

Sal

8 onças ditalini ou cotovelos ou conchas pequenas

pimenta preta moída na hora

Azeite virgem extra

1. Despeje o óleo em uma panela grande. Adicione a cebola e o aipo e cozinhe, mexendo sempre, em fogo médio por 10 minutos ou até que os legumes estejam macios e dourados. Adicione os tomates e leve para ferver. Cozinhe mais 10 minutos.

2. Escorra o grão-de-bico e adicione-o à panela. Adicione 1 colher de chá de sal e água fria para cobrir 1 polegada. Leve ao fogo brando. Cozinhe por 1 1/2 a 2 horas ou até que o grão-de-bico esteja bem macio. Adicione água, se necessário, para manter o grão-de-bico coberto.

3. Cerca de 20 minutos antes do grão-de-bico estar cozido, leve uma panela grande com água para ferver. Adicione sal e depois o macarrão. Cozinhe até que a massa esteja macia. Escorra e

adicione à sopa. Tempere a gosto com sal e pimenta. Sirva quente com um fio de azeite extra virgem.

Sopa de grão-de-bico e porcini da Ligúria

Macarrão e Ceci com Porcini

Rende 4 porções

Esta é a minha versão de uma sopa feita na Ligúria. Alguns cozinheiros fazem sem acelga, enquanto outros incluem cardo nos ingredientes.

1/2 onça de cogumelos porcini secos

1 xícara de água morna

1/4 xícara de azeite

2 onças de bacon picado

1 cebola média, finamente picada

1 cenoura média, bem picada

1 costela média de aipo, finamente picada

1 dente de alho bem picado

3 xícaras de grão-de-bico enlatado, seco ou escorrido

8 onças de acelga suíça, cortada transversalmente em tiras estreitas

1 batata média cozida, descascada e picada

1 xícara de tomates pelados, sem sementes e picados frescos ou enlatados

Sal e pimenta-do-reino moída na hora

1 xícara de ditalini, tubetti ou outra massa pequena

1. Mergulhe os cogumelos na água por 30 minutos. Retire-os e reserve o líquido. Lave os cogumelos em água corrente fria para remover a areia. Corte-os em pedaços grandes. Coe o líquido através de um filtro de café de papel em um recipiente.

2. Despeje o óleo em uma panela grande. Adicione o bacon, cebola, cenoura, aipo e alho. Cozinhe, mexendo sempre, em fogo médio até que a cebola e outros aromáticos fiquem dourados, cerca de 10 minutos.

3. Adicione o grão-de-bico, acelga, batata, tomate e cogumelos com o líquido. Adicione água até cobrir os ingredientes e sal e pimenta a gosto. Deixe ferver e cozinhe até que os legumes estejam macios e a sopa engrosse, cerca de 1 hora. Adicione água se a sopa ficar muito grossa.

4. Adicione o macarrão e mais 2 xícaras de água. Cozinhe, mexendo sempre, cerca de 15 minutos ou até que a massa esteja macia. Deixe esfriar um pouco antes de servir.

Pão toscano e sopa de legumes

ribolita

Rende 8 porções

Num verão na Toscana, serviam-me esta sopa onde quer que fosse, às vezes duas vezes por dia. Nunca me cansava, porque cada cozinheiro usava a sua combinação de ingredientes, e ficava sempre bom. Na verdade, são duas receitas em uma. A primeira é uma sopa mista de legumes. No dia seguinte, as sobras são reaquecidas e misturadas com pão amanhecido. O reaquecimento dá à sopa seu nome italiano, que significa cozido. Normalmente, isso é feito pela manhã e a sopa é deixada em repouso até a hora do almoço. Ribollita é normalmente servido quente ou em temperatura ambiente, nunca fumegante.

Certifique-se de usar um pão italiano ou rústico mastigável de boa qualidade para obter a textura certa.

4 copos caseirosCaldo de frangoqualquerCaldo de carneou uma mistura de meio caldo comprado em loja e meia água

1/4 xícara de azeite

2 costelas de aipo baby, picadas

2 cenouras médias, picadas

2 dentes de alho finamente picados

1 cebola roxa pequena, picada

1 1/4 xícara de salsa fresca picada

1 colher de sopa de salsa fresca picada

1 colher de sopa de alecrim fresco picado

1 1/2 libras de tomates frescos descascados, sem sementes e em cubos ou 1 1/2 xícaras de tomates italianos pelados enlatados com suco, cortados em cubos

3 xícaras de feijão cannellini cozido, seco ou enlatado, escorrido

2 batatas médias cozidas, descascadas e cortadas em cubos

2 abobrinhas médias picadas

1 libra de repolho ou couve, em fatias finas (cerca de 4 xícaras)

8 onças de feijão verde, aparado e cortado em pedaços pequenos

Sal e pimenta-do-reino moída na hora a gosto.

Cerca de 8 onças de pão italiano de um dia, em fatias finas

Azeite virgem extra

Fatias bem finas de cebola roxa (opcional)

1. Prepare o caldo, se necessário. Em seguida, despeje o azeite em uma panela grande. Adicione aipo, cenoura, alho, cebola e ervas. Cozinhe, mexendo sempre, em fogo médio até o aipo e outros aromáticos ficarem macios e dourados, cerca de 20 minutos. Adicione os tomates e cozinhe por 10 minutos.

2. Adicione o feijão, os legumes restantes e sal e pimenta a gosto. Adicione o caldo e a água até cobrir. Leve ao fogo brando. Cozinhe, em fogo muito baixo, até que os legumes estejam macios, cerca de 2 horas. Deixe esfriar um pouco e, se não for usar imediatamente, guarde na geladeira durante a noite ou até 2 dias.

3. Quando estiver pronto para servir, despeje cerca de 4 xícaras da sopa em um liquidificador ou processador de alimentos. Bata a sopa e transfira-a para uma panela junto com a sopa restante. Reaqueça suavemente.

4. Escolha uma terrina ou panela grande o suficiente para conter o pão e a sopa. Coloque uma camada de fatias de pão no fundo. Despeje sopa suficiente para cobrir completamente o pão. Repita

as camadas até usar toda a sopa e o pão ficar encharcado. Deixe repousar pelo menos 20 minutos. Deve ser muito grosso.

5.Mexa a sopa para desfazer o pão. Regue com azeite extra virgem e polvilhe com a cebola roxa. Sirva morno ou em temperatura ambiente.

Sopa de abóbora

zuppa di zucca

Rende 4 porções

No fruttivendolo, o mercado de frutas e legumes, os cozinheiros italianos podem comprar pedaços de grandes abóboras e outras abóboras para fazer esta deliciosa sopa. Eu geralmente uso abóbora ou abóbora. Pimenta vermelha esmagada chamada Peperoncino adiciona um tempero inesperado.

4 copos caseiros<u>Caldo de frango</u>ou uma mistura de meio caldo comprado em loja e meia água

2 libras de abóbora, como manteiga ou bolota

1/2 xícara de azeite

2 dentes de alho finamente picados

Pitada de pimenta vermelha moída

Sal

1/4 xícara de salsa fresca picada

1. Prepare o caldo, se necessário. Em seguida, descasque a abóbora e retire as sementes. Corte em pedaços de 1 polegada.

2. Despeje o óleo em uma panela grande. Adicione o alho e a pimenta vermelha esmagada. Cozinhe, mexendo sempre, em fogo médio até o alho dourar levemente, cerca de 2 minutos. Adicione a abóbora e sal a gosto.

3. Adicione o caldo e leve para ferver. Tampe e cozinhe por 35 minutos ou até a abóbora ficar bem macia.

4. Usando uma escumadeira, transfira a abóbora para um processador de alimentos ou liquidificador e bata até ficar homogêneo. Retorne o purê para a panela com o caldo. Leve a sopa para ferver e cozinhe por 5 minutos. Adicione um pouco de água se a sopa estiver muito grossa.

5. Adicione sal a gosto. Adicione a salsa. Servir quente.

Sopa "água cozida"

Aquacota

Rende 6 porções

Bastam alguns legumes, ovos e restos de pão para fazer esta saborosa sopa toscana, e é por isso que os italianos a chamam de "água fervida". Use os cogumelos disponíveis.

1/4 xícara de azeite

2 costelas de aipo, em fatias finas

2 dentes de alho picados

1 libra de cogumelos variados, como cogumelos botão, shiitake e cremini, aparados e fatiados

1 libra de tomates frescos, descascados, sem sementes e picados, ou 2 xícaras de tomates enlatados

Pitada de pimenta vermelha moída

6 ovos

6 fatias de pão italiano ou francês torrado

4 a 6 colheres de sopa de queijo pecorino ralado na hora

1. Despeje o óleo em uma panela média. Adicione o aipo e o alho. Cozinhe, mexendo sempre, em fogo médio até ficar macio, cerca de 5 minutos.

2. Adicione os cogumelos e cozinhe, mexendo ocasionalmente, até que os sucos dos cogumelos tenham evaporado. Adicione os tomates e pimenta vermelha esmagada e cozinhe por 20 minutos.

3. Adicione 4 xícaras de água e sal a gosto. Leve ao fogo brando. Cozinhe mais 20 minutos.

4. Pouco antes de servir, quebre um dos ovos em um copo. Deslize cuidadosamente o ovo na sopa quente. Repita com os ovos restantes. Tampe e cozinhe em fogo bem baixo por 3 minutos ou até que os ovos estejam cozidos a gosto.

5. Coloque uma fatia de pão torrado em cada tigela. Despeje cuidadosamente um ovo por cima e despeje a sopa quente. Polvilhe com o queijo e sirva imediatamente.

Pesto De Abobrinha

Zuppa di Zucchine al Pesto

Rende de 4 a 6 porções

O aroma do pesto quando misturado com a sopa quente é irresistível.

2 copos caseirosCaldo de frangoou uma mistura de meio caldo comprado em loja e meia água

3 colheres de sopa de azeite

2 cebolas médias, picadas

4 abobrinhas pequenas (cerca de 1 1/4 libras), lavadas e picadas

3 batatas médias cozidas, descascadas e picadas

Sal e pimenta-do-reino moída na hora, a gosto.

1 xícara de espaguete quebrado

pesto

2 a 3 dentes de alho grandes

1/2 xícara de manjericão fresco

1/4 xícara de salsa fresca italiana de folhas planas

1/2 xícara de Parmigiano-Reggiano ralado e mais para polvilhar

2 a 3 colheres de sopa de azeite extra virgem

Sal e pimenta-do-reino moída na hora

1. Prepare o caldo, se necessário. Em seguida, despeje o óleo em uma panela média. Adicione as cebolas. Cozinhe, mexendo sempre, em fogo médio até que as cebolas estejam macias e douradas, cerca de 10 minutos. Adicione a abobrinha e as batatas e cozinhe, mexendo ocasionalmente, por 10 minutos. Adicione o caldo de galinha e 4 xícaras de água. Leve o líquido para ferver e cozinhe por 30 minutos. Adicione sal e pimenta a gosto.

2. Adicione a pasta. Cozinhe mais 15 minutos.

3. Prepare o pesto: Em um processador de alimentos, pique o alho, o manjericão e a salsinha até ficar bem fino. Adicione o queijo e regue com o azeite aos poucos até obter uma pasta grossa. Tempere a gosto com sal e pimenta.

4. Transfira o pesto para uma tigela média; Com um batedor, bata cerca de 1 xícara da sopa quente no pesto. Mexa a mistura na

panela com a sopa restante. Deixe repousar 5 minutos. Prove e ajuste o tempero. Sirva com queijo adicional.

Sopa de alho francês, tomate e pão

Pappa al Pomodoro

Rende 4 porções

Os toscanos comem muita sopa e fazem muito com pão em vez de macarrão ou arroz. Este é o favorito no início do outono, quando há muitos tomates maduros e alho-poró fresco por perto. Também é bom no inverno, feito com tomates enlatados.

6 copos caseiros<u>Caldo de frango</u>ou uma mistura de meio caldo comprado em loja e meia água

3 colheres de sopa de azeite, mais um pouco para regar

2 alhos-porós médios

3 dentes de alho grandes

Pitada de pimenta vermelha moída

2 xícaras de tomates frescos descascados, sem sementes e picados ou tomates enlatados

Sal

½ pão italiano de trigo integral de um dia, cortado em cubos de 2,5 cm (cerca de 4 xícaras)

1 1/2 xícara de manjericão fresco picado

Azeite virgem extra

1. Prepare o caldo, se necessário. Em seguida, corte as raízes e a parte verde escura do alho-poró. Corte o alho-poró ao meio no sentido do comprimento e enxágue bem em água fria corrente. Pique bem.

2. Despeje o óleo em uma panela grande. Adicione o alho-poró e cozinhe, mexendo sempre, em fogo médio-baixo até ficar macio, cerca de 5 minutos. Adicione o alho e a pimenta vermelha esmagada.

3. Adicione os tomates e o caldo e deixe ferver. Cozinhe 15 minutos, mexendo ocasionalmente. Adicione sal a gosto.

4. Adicione o pão à sopa e cozinhe 20 minutos, mexendo ocasionalmente. A sopa deve ser espessa. Adicione mais pão, se necessário.

5. Retire do fogo. Adicione o manjericão e deixe descansar por 10 minutos. Sirva quente com um fio de azeite extra virgem.

Sopa de Abobrinha e Tomate

Zuppa di Zucchine e Pomodori

Rende 6 porções

Embora a abobrinha pequena tenha um sabor melhor, vegetais ainda maiores são bons nesta sopa, porque sua água e falta de sabor não aparecem com todos os outros ingredientes saborosos.

5 copos caseirosCaldo de frangoou uma mistura de meio caldo comprado em loja e meia água

3 colheres de sopa de azeite

1 cebola média, finamente picada

1 dente de alho picado

1 colher de chá de alecrim fresco picado

1 colher de chá de sálvia fresca picada

1 1/2 xícaras de tomates pelados, sem sementes e em cubos

11/2 libras de abobrinha picada

Sal e pimenta-do-reino moída na hora

3 xícaras de cubos de pão italiano ou francês de um dia

Parmigiano-Reggiano ralado na hora

1. Prepare o caldo, se necessário. Em seguida, despeje o óleo em uma panela grande. Adicione a cebola, o alho, o alecrim e a sálvia. Cozinhe em fogo médio, mexendo sempre, até a cebola dourar, cerca de 10 minutos.

2. Adicione os tomates e mexa bem. Adicione o caldo e leve para ferver. Adicione a abobrinha e cozinhe por 30 minutos ou até ficar macio. Tempere a gosto com sal e pimenta.

3. Adicione os cubos de pão. Cozinhe até o pão ficar macio, cerca de 10 minutos. Deixe repousar mais 10 minutos antes de servir. Sirva com Parmigiano-Reggiano ralado.

Sopa de Abobrinha e Batata

Minestra di Zucchine e Patate

Rende 4 porções

Esta sopa é típica do que se pode servir no verão nas casas do sul da Itália. Sinta-se à vontade para mudar como um cozinheiro italiano faria, trocando a abobrinha por outro vegetal como feijão verde, tomate ou espinafre e substituindo a salsa por manjericão ou hortelã.

6 copos caseiros<u>Caldo de frango</u>ou uma mistura de meio caldo comprado em loja e meia água

2 colheres de sopa de azeite

1 cebola média, finamente picada

1 libra de batatas ferventes (cerca de 3 médias), descascadas e picadas

1 libra de abobrinha (cerca de 4 pequenas), esfregadas e picadas

Sal e pimenta-do-reino moída na hora

2 colheres de sopa de salsa de folhas planas picada

Parmigiano-Reggiano ou Pecorino Romano ralado na hora

1. Prepare o caldo, se necessário. Em seguida, despeje o óleo em uma panela média. Adicione a cebola e cozinhe, mexendo sempre, em fogo médio até ficar macio e dourado, cerca de 10 minutos.

2. Adicione as batatas e a abobrinha. Adicione o caldo e sal e pimenta a gosto. Deixe ferver e cozinhe até que os legumes estejam macios, cerca de 30 minutos.

3. Adicione sal e pimenta a gosto. Adicione a salsa. Sirva com o queijo ralado.

Sopa Cremosa De Funcho

Zuppa di Finocchio

Rende 6 porções

Batatas e erva-doce têm afinidade uma pela outra. Sirva esta sopa guarnecida com folhas de funcho picadas e um fio de azeite virgem extra.

6 copos caseiros<u>Caldo de frango</u>ou uma mistura de meio caldo comprado em loja e meia água

2 alhos-porós grandes, aparados

3 bulbos médios de erva-doce (cerca de 2½ libras)

2 colheres de sopa de manteiga sem sal

1 colher de sopa de azeite

5 batatas cozidas descascadas e cortadas em rodelas

Sal e pimenta-do-reino moída na hora

Azeite virgem extra

1. Prepare o caldo, se necessário. Em seguida, corte o alho-poró ao meio no sentido do comprimento e enxágue bem para remover

todos os vestígios de areia entre as camadas. Pique em pedaços grandes.

2. Apare os talos de erva-doce até a altura dos bulbos, reservando algumas das folhas verdes emplumadas para enfeitar. Apare a base e as manchas marrons. Corte os bulbos em fatias finas.

3. Em uma panela grande, derreta a manteiga com o azeite em fogo médio. Adicione o alho-poró e cozinhe até ficar macio, cerca de 10 minutos. Adicione a erva-doce, batatas, caldo e sal e pimenta a gosto. Deixe ferver e cozinhe até que os legumes estejam bem macios, cerca de 1 hora.

4. Usando uma escumadeira, transfira os legumes para um processador de alimentos ou liquidificador. Processe ou misture até ficar homogêneo.

5. Retorne os legumes para a panela e reaqueça delicadamente. Despeje em tigelas de sopa, polvilhe com as tampas de erva-doce reservadas e regue com azeite. Servir quente.

Sopa de cogumelos e batata

Minestra di Funghi e Patate

Rende 6 porções

Aqui está outra sopa de Friuli-Venezia Giulia, uma região famosa por seus excelentes cogumelos. Cogumelos porcini frescos seriam usados lá, mas como são difíceis de encontrar, eu os substituo por uma mistura de cogumelos silvestres e cultivados. Batatas e cevada são adicionadas como espessantes.

8 copos caseirosCaldo de carneou uma mistura de meio caldo comprado em loja e meia água

2 colheres de sopa de azeite

2 onças de bacon fatiado, finamente picado

1 cebola média, finamente picada

2 costelas de aipo finamente picadas

1 libra de cogumelos variados, como branco, cremini e portabello

4 colheres de sopa de salsa fresca picada

2 dentes de alho finamente picados

3 batatas médias cozidas, descascadas e picadas

Sal e pimenta-do-reino moída na hora

1/2 xícara de cevadinha

1. Prepare o caldo, se necessário. Despeje o óleo em uma panela grande. Adicione o bacon. Cozinhe, mexendo sempre, em fogo médio até dourar, cerca de 10 minutos. Adicione a cebola e o aipo e cozinhe, mexendo ocasionalmente, até ficarem macios, cerca de 5 minutos.

2. Adicione os cogumelos, 2 colheres de sopa de salsa e o alho. Cozinhe, mexendo sempre, até que o suco dos cogumelos evapore, cerca de 10 minutos.

3. Adicione as batatas, sal e pimenta. Adicione o caldo e leve para ferver. Adicione a cevada e cozinhe, destapada, em fogo baixo por 1 hora ou até a cevada ficar macia e a sopa engrossar.

4. Polvilhe com a salsa restante e sirva quente.

creme de couve-flor

Vellutata di Cavolfiore

Rende 6 porções

Uma sopa elegante para servir no início de um jantar especial. Se você tiver um pouco de óleo ou pasta de trufas, experimente adicionar um pouco à sopa antes de servir, omitindo o queijo.

1 couve-flor média, aparada e cortada em florzinhas de 2,5 cm

Sal

3 colheres de sopa de manteiga sem sal

1 1/4 xícara de farinha de trigo

Cerca de 2 xícaras de leite

noz-moscada ralada na hora

1 1/2 xícara de creme de leite

1/4 xícara de Parmigiano-Reggiano ralado na hora

1. Leve uma panela grande de água para ferver. Adicione a couve-flor e sal a gosto. Cozinhe até que a couve-flor esteja bem macia, cerca de 10 minutos. Seque bem.

2. Em uma panela média, derreta a manteiga em fogo médio. Adicione a farinha e mexa bem por 2 minutos. Adicione lentamente 2 xícaras de leite e sal a gosto. Deixe ferver e cozinhe por 1 minuto, mexendo sempre, até engrossar e ficar homogêneo. Retire do fogo. Adicione a noz-moscada e o creme de leite.

3. Transfira a couve-flor para um processador de alimentos ou liquidificador. Bata, acrescentando um pouco de molho, se necessário, para deixar o purê homogêneo. Transfira o purê para a panela com o molho restante. Mexa bem. Aqueça suavemente, adicionando mais leite se necessário para fazer uma sopa espessa.

4. Retire do fogo. Prove e ajuste o tempero. Adicione o queijo e sirva.

Sopa siciliana de tomate e cevada

Minestra d'Orzo alla Siciliana

Rende de 4 a 6 porções

Em vez de ralar o queijo, os sicilianos costumam servir sopa com queijo picado. Nunca derrete completamente na sopa e você pode saborear um pouco de queijo em cada mordida.

8 copos caseirosCaldo de frangoqualquerCaldo de carneou uma mistura de meio caldo comprado em loja e meia água

8 onças de cevadinha, colhida e enxaguada

2 tomates médios, sem pele, sem sementes e picados, ou 1 xícara de tomates enlatados picados

1 costela de aipo finamente picada

1 cebola média, finamente picada

Sal e pimenta-do-reino moída na hora

1 xícara de Pecorino Romano em cubos

1. Prepare o caldo, se necessário. Em uma panela grande, misture o caldo, a cevada e os legumes e leve para ferver. Cozinhe até que a cevada esteja macia, cerca de 1 hora. Adicione água se a sopa ficar muito grossa.

2. Tempere com sal e pimenta a gosto. Despeje a sopa em tigelas, espalhando o queijo por cima.

sopa de pimenta vermelha

Zuppa di Peperoni Rossi

Rende 6 porções

A vibrante cor vermelho-alaranjada desta sopa é uma sugestão atraente e adequada para o sabor delicioso e refrescante. É inspirado em uma sopa que experimentei no Il Cibreo, uma trattoria popular em Florença. Eu gosto de servir com focaccia quente.

6 copos caseiros<u>Caldo de frango</u>ou uma mistura de meio caldo comprado em loja e meia água

2 colheres de sopa de azeite

1 cebola média picada

1 costela de aipo, picada

1 cenoura picada

5 pimentões vermelhos grandes, sem sementes e picados

5 batatas médias cozidas, descascadas e picadas

2 tomates sem sementes e picados

Sal e pimenta-do-reino moída na hora

1 xícara de leite

Parmigiano-Reggiano ralado na hora

1. Prepare o caldo, se necessário. Em seguida, despeje o óleo em uma panela grande. Adicione a cebola, o aipo e a cenoura. Cozinhe, mexendo sempre, em fogo médio até que os legumes estejam macios e dourados, cerca de 10 minutos.

2. Adicione os pimentões, as batatas e os tomates e mexa bem. Adicione o caldo e leve para ferver. Abaixe o fogo e cozinhe por 30 minutos ou até que os legumes estejam bem macios.

3. Usando uma escumadeira, transfira os legumes para um processador de alimentos ou liquidificador. Bata até ficar homogêneo.

4. Despeje o purê de legumes na panela. Aqueça a sopa em fogo baixo e acrescente o leite. Não deixe a sopa ferver. Adicione sal e pimenta a gosto. Sirva quente, polvilhado com queijo.

Fontina, pão e sopa de couve

Zuppa alla Valpelline

Rende 6 porções

Uma das minhas melhores lembranças do Valle d'Aosta é o aromático queijo fontina e o saboroso pão integral da região. O queijo é feito de leite de vaca e é envelhecido em cavernas de montanha. Procure um queijo com casca natural e a silhueta de uma montanha prensada no topo para garantir a verdadeira fontina. Use um bom pão mastigável para esta sopa saudável. A couve Savoy tem um sabor mais suave do que a variedade de folhas lisas.

8 copos caseirosCaldo de carneou uma mistura de meio caldo de carne comprado em loja e meia água

2 colheres de sopa de manteiga sem sal

1 repolho savoy pequeno, bem picado

Sal

¼ colher de chá de noz-moscada moída na hora

1 1/4 colher de chá de canela em pó

pimenta preta moída na hora

12 onças Fontina Valle d'Aosta

12 fatias de pão de centeio crocante sem sementes, pão de centeio integral ou integral, torrado

1. Prepare o caldo, se necessário. Em seguida, derreta a manteiga em uma panela grande. Adicione o repolho e sal a gosto. Tampe e cozinhe por 30 minutos, mexendo de vez em quando, até o repolho ficar macio.

2. Pré-aqueça o forno a 350 ° F. Coloque o caldo, noz-moscada, canela, sal e pimenta em uma panela grande e leve para ferver em fogo médio.

3. Coloque 4 fatias de pão no fundo de uma panela refratária funda de 3 litros ou panela funda pesada ou assadeira. Cubra com metade do repolho e um terço do queijo. Repita com outra camada de pão, repolho e queijo. Cubra com o pão restante. Despeje cuidadosamente o caldo quente. Corte o queijo reservado em pedaços pequenos e espalhe sobre a sopa.

4. Asse a caçarola até dourar e borbulhar, cerca de 45 minutos. Deixe repousar 5 minutos antes de servir.

sopa cremosa de cogumelos

Zuppa di Funghi

Rende 8 porções

O Dia de Ação de Graças não é um feriado celebrado na Itália, mas costumo servir esta sopa cremosa de cogumelo fresco seco do norte da Itália como parte do meu menu de férias.

8 copos caseiros<u>Caldo de carne</u>ou uma mistura de meio caldo de carne comprado em loja e meia água

1 onça de cogumelos porcini secos

2 xícaras de água quente

2 colheres de sopa de manteiga sem sal

1 cebola média, finamente picada

1 dente de alho bem picado

1 libra de cogumelos brancos, em fatias finas

1 1/2 xícara de vinho branco seco

1 colher de pasta de tomate

1/2 xícara de creme de leite

salsa fresca picada, para decorar

Sal e pimenta-do-reino moída na hora

1. Prepare o caldo, se necessário. Em seguida, coloque os cogumelos porcini na água e deixe de molho por 30 minutos. Retire os cogumelos da tigela e reserve o líquido. Lave os cogumelos em água corrente fria para remover qualquer grão, prestando atenção especial às extremidades das hastes onde a sujeira se acumula. Pique os cogumelos em pedaços grandes. Coe o líquido do cogumelo através de um filtro de café de papel em um recipiente.

2. Em uma panela grande, derreta a manteiga em fogo médio. Adicione a cebola e o alho e cozinhe por 5 minutos. Adicione todos os cogumelos e cozinhe, mexendo ocasionalmente, até que os cogumelos fiquem levemente dourados, cerca de 10 minutos. Adicione sal e pimenta a gosto.

3. Adicione o vinho e leve para ferver. Adicione o caldo, o líquido dos cogumelos e a pasta de tomate. Abaixe o fogo e cozinhe por 30 minutos.

4. Adicione o creme. Polvilhe com salsa e sirva imediatamente.

Pesto Sopa De Legumes

Pesto Minestrone

Rende de 6 a 8 porções

Na Ligúria, uma colher de molho pesto perfumado é adicionada a tigelas de minestrone. Não é essencial, mas realmente realça o sabor da sopa.

1/4 xícara de azeite

1 cebola média picada

2 cenouras picadas

2 costelas de aipo, picadas

4 tomates maduros, sem pele, sem sementes e picados

1 libra de acelga ou espinafre picado

3 batatas médias cozidas, descascadas e picadas

3 abobrinhas pequenas picadas

8 onças de feijão verde, cortado em pedaços de 1/2 polegada

8 onças de feijão cannellini ou borlotti fresco com casca ou 2 xícaras de feijão cozido, seco ou enlatado, escorrido

Sal e pimenta-do-reino moída na hora

1 receita*pesto*

4 onças de massas pequenas, como tubetti ou cotovelos

1. Despeje o óleo em uma panela grande. Adicione as cebolas, cenouras e aipo. Cozinhe, mexendo sempre, em fogo médio até que os legumes estejam macios e dourados, cerca de 10 minutos.

2. Adicione os tomates, acelga, batatas, abobrinha e feijão. Adicione água suficiente para cobrir os legumes. Adicione sal e pimenta a gosto. Cozinhe, mexendo ocasionalmente, até a sopa engrossar e os legumes ficarem macios, cerca de 1 hora. Adicione um pouco de água se ficar muito grosso.

3. Enquanto isso, prepare o pesto, se necessário. Quando a sopa engrossar, adicione o macarrão. Cozinhe, mexendo, até que a massa esteja macia, cerca de 10 minutos. Deixe esfriar um pouco. Sirva quente, passando uma tigela de pesto, para adicionar à mesa, ou sirva a sopa em tigelas e coloque um pouco de pesto no centro de cada uma.

Sopa de Ovo Pavia

Zuppa alla Pavese

Rende 4 porções

Ovos escalfados em caldo são uma refeição rápida e deliciosa. A sopa está pronta a servir quando as claras estiverem firmes e as gemas ainda moles.

2 quartos caseiro<u>Caldo de carne</u>ou uma mistura de meio caldo comprado em loja e meia água

4 fatias de pão do campo levemente tostadas

4 ovos grandes, em temperatura ambiente

4 a 6 colheres de sopa de Parmigiano-Reggiano ralado na hora

Sal e pimenta-do-reino moída na hora

1. Prepare o caldo, se necessário. Se não for feito na hora, aqueça o caldo em fogo baixo. Tempere a gosto com sal e pimenta.

2. Prepare 4 tigelas quentes de sopa. Coloque uma fatia de torrada em cada tigela e quebre um ovo em cima de cada fatia de torrada.

3. Despeje o caldo quente sobre os ovos para cobrir alguns centímetros. Polvilhe com o queijo. Deixe repousar até que a clara do ovo esteja cozida a gosto. Servir quente.

torta salgada

Macarrão Frolla Salata

Faz uma crosta de torta de 9 a 10 polegadas

Um saboroso bolo tipo quiche pode ser feito com queijo, ovos e legumes. Estes pastéis são bons à temperatura ambiente ou quentes, e podem ser servidos como um único piatto (refeição de um prato) ou como aperitivo. Esta massa é boa para todos os tipos de tortas salgadas.

Eu espalhei essa massa entre duas folhas de plástico. Evita que a massa grude na tábua e no rolo, não sendo necessário adicionar mais farinha, que pode deixar a massa dura. Para garantir que a crosta fique crocante no fundo, asso parcialmente a casca antes de adicionar o recheio.

1 1/2 xícaras de farinha de trigo

1 colher de chá de sal

1 1/2 xícara (1 tablete) de manteiga sem sal, em temperatura ambiente

1 gema de ovo

3 a 4 colheres de sopa de água gelada

1. Prepare a massa: Combine a farinha e o sal em uma tigela grande. Usando uma batedeira ou garfo, corte a manteiga até que a mistura se assemelhe a migalhas grossas.

2. Bata a gema com 2 colheres de sopa de água. Polvilhe a mistura sobre a farinha. Misture levemente até que a massa esteja uniformemente umedecida e se una sem ficar pegajosa. Adicione a água restante, se necessário.

3. Forme um disco com a massa. Embrulhe em plástico. Leve à geladeira por 30 minutos ou durante a noite.

4. Se a massa foi refrigerada durante a noite, deixe-a descansar em temperatura ambiente por 20 a 30 minutos antes de desenrolá-la. Coloque a massa entre duas folhas de filme plástico e abra em um círculo de 12 polegadas, virando a massa e reorganizando o filme plástico a cada volta. Remova a folha superior do filme plástico. Usando a folha restante para levantar a massa, centralize a massa com o lado plástico para cima em uma forma de torta de 9 a 10 polegadas com fundo removível. Remova o filme plástico. Pressione delicadamente a massa no fundo e nas laterais.

5. Role o rolo sobre o topo da panela e corte qualquer massa saliente. Pressione a massa contra a lateral da assadeira para

criar uma borda mais alta que a borda da assadeira. Resfrie a casca da massa na geladeira por 30 minutos.

6. Coloque a grade do forno no terço inferior do forno. Pré-aqueça o forno a 450 ° F. Com um garfo, pique o fundo da torta em intervalos de 1 polegada. Asse por 5 minutos, depois fure a massa novamente. Asse até terminar, mais 10 minutos. Retire a casca do forno. Deixe esfriar sobre uma grade por 10 minutos.

Torta de espinafre e ricota

Crostata di Spinaci

Rende 8 porções

Comi uma tarte destas no Ferrara, um dos restaurantes preferidos de Roma. Algo parecido com uma quiche, é feito com ricota para dar mais cremosidade. É ideal para um prato de almoço ou brunch, servido com salada e vinho pinot grigio gelado.

1 receitatorta salgada

recheado

1 libra de espinafre, picado e enxaguado

1/4 xícara de água

1 1/2 xícaras de ricota inteira ou parcialmente desnatada

1/2 xícara de creme de leite

3/4 xícara de Parmigiano-Reggiano ralado na hora

2 ovos grandes, batidos

1/4 colher de chá de noz-moscada ralada na hora

Sal e pimenta-do-reino moída na hora

1. Prepare e asse parcialmente a crosta. Reduza a temperatura do forno para 375 ° F.

2. Enquanto isso, prepare o recheio. Coloque o espinafre em uma panela grande em fogo médio com a água. Cubra e cozinhe por 2 a 3 minutos ou até ficar macio e macio. Escorra e deixe esfriar. Enrole o espinafre em um pano sem fiapos e esprema o máximo de água possível. Pique finamente o espinafre.

3. Em uma tigela grande, misture o espinafre, ricota, creme, queijo, ovos, noz-moscada e sal e pimenta a gosto. Raspe a mistura na casca da torta preparada.

4. Asse por 35 a 40 minutos ou até que o recheio esteja firme e levemente dourado.

5. Esfrie a torta na forma por 10 minutos. Retire a borda externa e coloque a torta em um prato de servir. Sirva morno ou em temperatura ambiente.

torta de alho-poró

Crostata di Porri

Rende de 6 a 8 porções

Comi esta tarte numa enoteca, ou bar de vinhos, em Bolonha. O sabor de noz do Parmigiano e do creme realça o sabor doce do alho-poró. Também pode ser feito com cogumelos ou pimentões salteados em vez de alho-poró.

1 receitatorta salgada

recheado

4 alhos-porós médios, cerca de 1 1/4 libras

3 colheres de sopa de manteiga sem sal

Sal

2 ovos grandes

^{3}1/4 xícara de creme de leite

1/3 xícara de Parmigiano-Reggiano ralado na hora

noz-moscada ralada na hora

pimenta preta moída na hora

1. Prepare e asse parcialmente a crosta. Reduza a temperatura do forno para 375 ° F.

2. Prepare o recheio: corte as raízes e a maior parte das pontas verdes do alho-poró. Corte-os ao meio no sentido do comprimento e enxágue-os muito bem entre cada camada em água fria corrente. Corte o alho-poró em fatias transversais finas.

3. Em uma frigideira grande, derreta a manteiga em fogo médio. Adicione o alho-poró e uma pitada de sal. Cozinhe, mexendo sempre, até que o alho-poró esteja macio quando perfurado com uma faca, cerca de 20 minutos. Retire a panela do fogo e deixe esfriar.

4. Em uma tigela média, misture os ovos, o creme de leite, o queijo e uma pitada de noz-moscada. Adicione alho-poró e pimenta a gosto.

5. Despeje a mistura na casca da torta parcialmente assada. Asse por 35 a 40 minutos ou até que o recheio esteja firme. Sirva morno ou em temperatura ambiente.

Sanduíches de mussarela, manjericão e pimenta assada

Panini di Mozzarella

Rende 2 porções

Às vezes, faço esse sanduíche substituindo a rúcula por manjericão e o presunto por pimentão vermelho.

4 onças de queijo muçarela fresco, cortado em 8 fatias

4 fatias de pão rústico

4 folhas frescas de manjericão

¼ xícara de pimentão vermelho ou amarelo assado, cortado em tiras finas

1. Corte as fatias de mussarela para caber no pão. Se a mussarela estiver suculenta, seque-a. Coloque metade do queijo em uma única camada sobre duas fatias de pão.

2. Disponha as folhas de manjericão e os pimentões sobre o queijo e cubra com a mussarela restante. Coloque o pão restante por cima e pressione bem com as mãos.

3. Pré-aqueça uma sanduicheira ou uma grelha. Coloque os sanduíches na prensa e cozinhe até tostar, cerca de 4 a 5 minutos. Se estiver usando uma assadeira, coloque um peso pesado, como uma frigideira, por cima. Vire os sanduíches quando estiverem dourados de um lado, cubra com peso e toste do outro lado. Servir quente.

Sanduíches de espinafre e robiola

Panino di Spinaci e Robiola

Rende 2 porções

A focaccia adiciona um bom sabor e textura ao panini prensado. Outros vegetais podem substituir o espinafre ou usar sobras de vegetais. Para o queijo, gosto de usar robiola, um queijo macio e cremoso feito de leite de vaca, cabra ou ovelha, ou uma combinação, do Piemonte e da Lombardia. Outras possibilidades são o queijo de cabra fresco ou até o chantilly. Adicione uma ou duas gotas de óleo de trufa ao recheio para um sabor terroso e um toque de luxo.

1 pacote (10 onças) de espinafre fresco

4 onças de robiola fresco ou substituto de queijo de cabra

Azeite trufado (opcional)

2 quadrados ou fatias de focaccia fresca

1. Coloque o espinafre em uma panela grande em fogo médio com 1/4 xícara de água. Cubra e cozinhe por 2 a 3 minutos ou até ficar macio e macio. Escorra e deixe esfriar. Enrole o espinafre em um pano sem fiapos e esprema o máximo de água possível.

2. Pique finamente o espinafre e coloque em uma tigela média. Adicione o queijo e rale os espinafres com o queijo. Adicione uma gota ou duas de óleo de trufas, se desejar.

3. Usando uma longa faca serrilhada, corte cuidadosamente a focaccia ao meio na horizontal. Espalhe a mistura no interior das metades inferiores da focaccia. Coloque os topos dos sanduíches e alise-os delicadamente.

4. Pré-aqueça uma sanduicheira ou uma grelha. Se estiver usando uma prensa, coloque os sanduíches na prensa e cozinhe até tostar, cerca de 4 a 5 minutos. Se estiver usando uma assadeira, coloque os sanduíches na assadeira e, em seguida, um peso pesado, como uma frigideira, por cima.

5. Quando dourar de um lado, vire os sanduíches, cubra com o peso e toste o outro lado. Servir quente.

Sanduíche Riviera

Panino della Riviera

Rende 4 porções

A fronteira geográfica que divide Itália e França também não significa distinção na alimentação consumida de ambos os lados. Com clima e geografia semelhantes, as pessoas que vivem ao longo das costas italiana e francesa compartilham hábitos alimentares muito semelhantes. Um exemplo é o francês pan bagnat e o italiano pane bagnato, que significa "pão mergulhado", que às vezes é chamado de sanduíche Riviera na Itália. Regado com um molho vinagrete vivo, este suculento sanduíche é recheado com atum e pimentão assado à francesa. Do lado italiano da fronteira, a mussarela substitui o atum e acrescentam-se anchovas, mas o resto é praticamente igual. Esta é a sandes perfeita para levar num piquenique, porque os sabores combinam bem e fica ainda melhor assim.

1 pão italiano com cerca de 30 cm de comprimento

Curativo

1 dente de alho, bem picadinho

1/4 xícara de azeite

2 colheres de vinagre

1/2 colher de chá de orégano seco, esfarelado

Sal e pimenta-do-reino moída na hora

2 tomates maduros, fatiados

1 (2 onças) lata de anchovas

8 onças de mussarela fatiada

2 pimentões assados, descascados e sem sementes com o suco

12 azeitonas sem caroço, sem caroço e picadas

1. Corte o pão ao meio no sentido do comprimento e retire o pão macio de dentro.

2. Em uma tigela pequena, misture os ingredientes do molho e despeje metade do molho sobre os lados cortados do pão. Cubra a metade inferior do pão com os tomates, as anchovas, a mussarela, os pimentões assados e as azeitonas, regando cada camada com um pouco do molho.

3. Coloque a parte superior do sanduíche e pressione-o junto. Embrulhe em papel alumínio e cubra com uma tábua ou

frigideira pesada. Deixe repousar em temperatura ambiente por até 2 horas ou guarde na geladeira durante a noite.

4.Corte em sanduíches de 3 polegadas de largura. Sirva em temperatura ambiente.

Sandes triangulares de atum e pimentos assados

Tramezzini com Tonno e Pepperoni

Faz 3 sanduíches

Alguns dos mesmos sabores do saudável sanduíche Riviera encontram seu caminho para este delicado sanduíche triangular que experimentei em um café romano favorito. O atum foi temperado com semente de funcho, mas gosto de substituir por pólen de funcho, que é apenas semente de funcho moída, mas tem mais sabor. Hoje em dia é usado por muitos chefs e pode ser encontrado em lojas gourmet especializadas em ervas secas, bem como em sites da Internet. Se você não conseguir encontrar o pólen de erva-doce, substitua-o por sementes de erva-doce, que você pode moer em um moedor de especiarias ou cortar com uma faca.

1 pimentão vermelho pequeno assado, escorrido e cortado em tiras finas

Azeite virgem extra

Sal

1 lata (3 1/2 onças) de atum italiano embalado em azeite

2 colheres de sopa de maionese

1 a 2 colheres de chá de suco de limão fresco

1 colher de sopa de cebolinha verde picada

1 colher de chá de pólen de funcho

4 fatias de pão branco de boa qualidade

1.Misture a pimenta assada com um pouco de azeite e sal.

2.Escorra o atum e coloque-o numa tigela. Desfie bem o atum com um garfo. Misture a maionese, suco de limão a gosto e cebolinha.

3.Espalhe o atum em duas fatias de pão. Cubra com as tiras de pimenta. Cubra com o pão restante, pressionando levemente.

4.Usando uma faca de chef grande, corte a crosta do pão. Corte os sanduíches ao meio na diagonal para formar dois triângulos. Sirva imediatamente ou cubra bem com filme plástico e leve à geladeira até a hora de servir.

Sanduíches triangulares de presunto e figo

Tramezzini di Prosciutto e Fichi

Faz 2 sanduíches

O salgado do presunto e a doçura da compota de figo oferecem um belo contraste nesta sandes. É muito bom como aperitivo se for cortado em quartos. Sirva com espumante Prosecco.

Manteiga sem sal, em temperatura ambiente

4 fatias de pão branco de boa qualidade

Cerca de 2 colheres de sopa de compota de figo

4 fatias finas de presunto italiano importado

1. Unte levemente com manteiga um lado de cada fatia de pão. Espalhe cerca de 2 colheres de chá de doce de figo sobre a manteiga em cada fatia.

2. Coloque duas fatias de presunto Serrano no meio das fatias. Coloque as fatias restantes de geleia de pão voltadas para baixo sobre o presunto serrano.

3. Usando uma faca de chef grande, corte a crosta do pão. Corte os sanduíches ao meio na diagonal para formar dois triângulos. Sirva imediatamente ou cubra com filme plástico e leve à geladeira.

Maçãs Assadas Amaretto

Mele al'Amaretto

Rende 6 porções

Amaretto é um licor doce; amaretti são biscoitos crocantes. Ambos os produtos italianos são aromatizados com dois tipos de amêndoas: a variedade familiar, mais uma amêndoa levemente amarga que não se come pura, embora seja frequentemente usada na Itália para dar sabor a sobremesas. Amaro significa "amargo" e tanto o licor como os biscoitos levam o nome dessas amêndoas. Ambos estão amplamente disponíveis: os biscoitos em lojas especializadas e por correspondência e o licor em muitas lojas de bebidas.

A marca mais conhecida de biscoitos amaretti é embalada em latas ou caixas vermelhas distintas. Os biscoitos são embrulhados em pares em papel de seda pastel. Existem outras marcas de amaretti que embalam os biscoitos soltos em saquinhos. Sempre tenho amaretti em casa. Conservam-se por muito tempo e são agradáveis com uma chávena de chá ou como ingrediente em vários pratos doces e salgados.

Douradas são as maçãs que prefiro para assar. Os cultivados localmente são doces e crocantes, mas mantêm sua forma muito bem quando assados.

6 maçãs assadas, como douradas deliciosas

6 biscoitos amaretti

6 colheres de açúcar

2 colheres de sopa de manteiga sem sal

6 colheres de sopa de amaretto ou rum

1. Coloque uma grade no centro do forno. Pré-aqueça o forno a 375 ° F. Unte com manteiga uma assadeira grande o suficiente para manter as maçãs na posição vertical.

2. Remova os caroços das maçãs e descasque-as cerca de dois terços da extremidade do caule.

3. Coloque os biscoitos amaretti em um saco plástico e esmague-os delicadamente com um objeto pesado, como um rolo de massa. Em uma tigela média, misture as migalhas com o açúcar e a manteiga.

4. Recheie um pouco da mistura no centro de cada maçã. Despeje o amaretto sobre as maçãs. Despeje 1 xícara de água ao redor das maçãs.

5. Asse por 45 minutos ou até que as maçãs estejam macias quando perfuradas com uma faca. Sirva morno ou em temperatura ambiente.

Torta de Maçã da Lívia

Torta di Mele alla Livia

Rende 8 porções

Minha amiga Livia Colantonio mora na Umbria em uma fazenda chamada Podernovo. A fazenda cria gado Chianina, cultiva uma variedade de uvas viníferas e engarrafa vinho sob o rótulo Castello delle Regine.

Os hóspedes podem ficar em uma das casas de hóspedes maravilhosamente restauradas em Podernovo, que fica a apenas 45 minutos de Roma, e desfrutar de umas férias tranquilas. Lívia faz esta "torta" simples, mas sensacional, que fica sempre bem depois de uma refeição de outono ou inverno. Não é um bolo no sentido tradicional, porque é feito quase inteiramente de maçãs, com apenas algumas migalhas de biscoito entre as camadas para conter um pouco do suco da fruta. Sirva com uma bola de chantilly ou sorvete de rum e passas.

Você precisará de uma frigideira redonda ou assadeira com 9 polegadas de largura por 3 polegadas de profundidade. Use uma forma de bolo, caçarola ou forma de suflê, mas não use uma forma de mola porque o suco de maçã irá derramar.

12 biscoitos amaretti

3 libras de golden delicious, Granny Smith ou outras maçãs firmes (cerca de 6 grandes)

1 1/2 xícara de açúcar

1. Coloque os biscoitos amaretti em um saco plástico e esmague-os delicadamente com um objeto pesado, como um rolo de massa. Você deve ter cerca de 3/4 xícara de migalhas.

2. Descasque as maçãs e corte-as em quartos no sentido do comprimento. Corte os quartos em fatias de 1/8 de polegada de espessura.

3. Coloque uma grade no centro do forno. Pré-aqueça o forno a 350° F. Unte generosamente uma assadeira redonda de 9 x 3 polegadas ou forma de tubo. Forre o fundo da forma com um círculo de papel manteiga. Unte o papel com manteiga.

4. Faça uma camada de maçãs ligeiramente sobrepostas no fundo da panela. Polvilhe com um pouco de migalhas e açúcar. Alterne as camadas restantes das fatias de maçã na panela com as migalhas restantes e o açúcar. As fatias de maçã não precisam ser puras. Coloque uma folha de papel alumínio por cima, moldando-a sobre a borda da panela.

5. Asse as maçãs por 1 hora e meia. Descubra e asse por mais 30 minutos ou até que as maçãs estejam macias quando perfuradas com uma faca e tenham diminuído de volume. Transfira a panela para uma gradinha. Deixe esfriar por pelo menos 15 minutos. Passe uma faca ao redor da borda da panela. Segurando a panela com um pegador de panela em uma mão, coloque uma travessa plana em cima da panela. Inverta ambos, para que as maçãs transfiram para o prato.

6. Sirva em temperatura ambiente, cortado em fatias. Cubra com um recipiente invertido e guarde na geladeira por até 3 dias.

Damascos em calda de limão

Albicocche al Limone

Rende 6 porções

Damascos perfeitamente maduros realmente não precisam de aprimoramento, mas se você tiver alguns que não são perfeitos, tente cozinhá-los em uma simples calda de limão. Sirva os damascos escaldados frios, possivelmente com chantilly com sabor de amaretto.

1 xícara de água fria

1/4 xícara de açúcar ou a gosto

2 (2 polegadas) tiras de raspas de limão

2 colheres de sopa de suco de limão fresco

1 libra de damascos (cerca de 8)

1. Em uma panela ou frigideira grande o suficiente para conter as metades de damasco em uma única camada, misture a água, o açúcar, as raspas e o suco. Deixe ferver em fogo médio-baixo e cozinhe, girando a panela uma ou duas vezes, por 10 minutos.

2. Seguindo a linha dos damascos, corte-os ao meio e retire os caroços. Coloque as metades na calda fervente. Cozinhe, virando uma vez, até que a fruta esteja macia, cerca de 5 minutos.

3. Deixe os damascos esfriarem brevemente na calda, cubra e guarde na geladeira. Sirva frio.

Bagas com Limão e Açúcar

Frutti di Bosco al Limone

Rende 4 porções

O suco de limão fresco e o açúcar realçam todo o sabor das frutas. Tente isso com uma única variedade de baga ou uma combinação. Cubra as frutas com especiarias com uma colher de gelo de limão ou sorvete, se desejar.

Uma das minhas frutas favoritas, o minúsculo morango silvestre (fragoline del bosco), é comum na Itália, mas não está amplamente disponível aqui. Os morangos silvestres têm um delicioso aroma de morango e são fáceis de cultivar em vaso. As sementes estão disponíveis em muitas empresas de catálogo e você pode comprar as plantas em muitos viveiros aqui nos Estados Unidos.

1 xícara de morangos fatiados

1 xícara de amoras

1 xícara de mirtilos

1 xícara de framboesas

Suco de limão espremido na hora (cerca de 2 colheres de sopa)

Açúcar (cerca de 1 colher de sopa)

1. Em uma tigela grande, misture delicadamente as frutas. Regue com sumo de limão e açúcar a gosto. Prove e ajuste o tempero.

2. Arrume as frutas em pratos rasos. Sirva imediatamente.

Morangos com Vinagre Balsâmico

Fragole al Balsamico

Rende 2 porções

Se você encontrar os pequenos morangos silvestres conhecidos em italiano como fragoline del bosco, use-os nesta sobremesa. Mas morangos frescos regulares também se beneficiarão de uma marinada rápida em vinagre balsâmico envelhecido. Como uma pitada de suco de limão fresco em um pedaço de peixe ou sal em um bife, o intenso sabor doce e picante do vinagre balsâmico realça muitos alimentos. Pense nisso como um tempero em vez de um vinagre.

Você provavelmente precisará comprar vinagre balsâmico envelhecido em uma loja especializada. Na área de Nova York, uma das minhas fontes favoritas é a Di Palo Fine Foods na Grand Street em Little Italy (vejaFontes). Louis Di Palo é uma enciclopédia ambulante sobre vinagre balsâmico, assim como sobre qualquer outro produto alimentício importado da Itália. A primeira vez que pedi balsâmico, ele puxou vários frascos e ofereceu a todos na loja amostras enquanto explicava cada um.

O melhor balsâmico é feito nas províncias de Modena e Reggio em Emilia-Romagna. Suave, complexo e xaroposo, tem mais sabor de um licor rico do que de um vinagre forte e costuma ser bebido como um cordial. Procure as palavras Aceto Balsamico Tradizionale no rótulo. Embora caro, um pouco vai longe.

1 litro de morangos silvestres ou cultivados, cortados se grandes

2 colheres de sopa de vinagre balsâmico envelhecido de melhor qualidade ou a gosto

2 colheres de açúcar

Em uma tigela média, misture os morangos com o vinagre e o açúcar. Deixe repousar 15 minutos antes de servir.

Framboesas com Mascarpone e Vinagre Balsâmico

Lampone com Mascarpone e Balsâmico

Rende 4 porções

Sempre lave framboesas delicadas antes de usá-las; se você enxaguá-los antes, a umidade pode fazer com que estraguem mais rapidamente. Antes de servir, verifique-os e descarte os que apresentarem sinais de mofo. Guarde as frutas em um recipiente raso descoberto na geladeira, mas use-as o mais rápido possível depois de comprá-las, pois estragam rapidamente.

Mascarpone é um creme espesso e macio chamado queijo, embora tenha apenas um leve sabor de queijo. Tem uma textura semelhante ao creme azedo, ou um pouco mais grosso. Se preferir, pode substituir por crème fraîche, ricota ou creme de leite.

1 1/2 xícaras de mascarpone

Cerca de 1/4 xícara de açúcar

1 a 2 colheres de sopa de vinagre balsâmico envelhecido da melhor qualidade

2 xícaras de framboesas, levemente enxaguadas e secas

1. Em uma tigela pequena, bata o mascarpone e o açúcar até misturar bem. Adicione vinagre balsâmico a gosto. Deixe repousar 15 minutos e mexa novamente.

2. Divida as framboesas entre 4 copos ou tigelas. Cubra com o mascarpone e sirva imediatamente.

Cerejas em Barolo

Ciliege al Barolo

Rende 4 porções

Aqui, cerejas maduras e doces são cozidas no estilo Piemonte em Barolo ou outro vinho tinto encorpado.

3/4 xícara de açúcar

1 xícara de Barolo ou outro vinho tinto seco

1 libra de cerejas doces maduras, sem caroço

1 xícara de creme de leite ou creme de leite bem frio

1. Pelo menos 20 minutos antes de bater o creme, coloque uma tigela grande e os batedores da batedeira na geladeira.

2. Em uma panela grande, misture o açúcar e o vinho. Leve ao fogo brando e cozinhe por 5 minutos.

3. Adicione as cerejas. Depois que o líquido voltar a ferver, cozinhe até que as cerejas estejam macias quando perfuradas com uma faca, cerca de mais 10 minutos. Deixar esfriar.

4. Pouco antes de servir, retire a tigela e os batedores da geladeira. Despeje o creme na tigela e bata o creme em velocidade alta até que mantenha sua forma delicadamente quando os batedores forem levantados, cerca de 4 minutos.

5. Despeje as cerejas em tigelas de servir. Sirva em temperatura ambiente ou levemente gelada com chantilly.

castanhas assadas quentes

caldeira

Rende 8 porções

O Dia de São Martinho, 11 de novembro, é comemorado em toda a Itália com castanhas assadas e vinho tinto feito na hora. A celebração marca não apenas a festa de um santo amado que era conhecido por sua bondade para com os pobres, mas também o fim da estação de cultivo, o dia em que a terra vai descansar para o inverno.

Castanhas assadas também são um toque final clássico para as refeições de férias de inverno em toda a Itália. Eu os coloco no forno para cozinhar quando nos sentamos para jantar e, quando terminamos o prato principal, eles estão prontos para comer.

1 quilo de castanhas frescas

1. Coloque uma grade no centro do forno. Pré-aqueça o forno a 425 ° F. Lave as castanhas e seque. Coloque as castanhas com o lado plano para baixo em uma tábua de cortar. Corte cuidadosamente um X no topo de cada um com a ponta de uma faca pequena e afiada.

2. Coloque as castanhas em uma folha grande de papel alumínio resistente. Dobre uma ponta sobre a outra para fechar as castanhas. Dobre as pontas para fechar. Coloque o pacote em uma assadeira. Asse as castanhas até ficarem macias quando perfuradas com uma faca pequena, cerca de 45 a 60 minutos.

3. Transfira o pacote de alumínio para um rack de resfriamento. Deixe as castanhas embrulhadas em papel alumínio por 10 minutos. Servir quente.

compota de figo

Marmellata di Fichi

Faz 1 1/2 pintas

As figueiras, domesticadas e selvagens, crescem em toda a Itália, exceto nas regiões mais ao norte, onde é muito frio. Por serem tão doces e amplamente disponíveis, os figos são usados em muitas sobremesas, especialmente no sul da Itália. Os figos maduros não se conservam bem, por isso, quando são abundantes no final do verão, conservam-se de maneiras diferentes. Na Puglia, os figos são cozidos com água para fazer uma calda espessa e doce que é usada para sobremesas. Os figos também são secos ao sol ou transformados em conservas de figos.

Um pequeno lote de conservas de figo é fácil de fazer e pode durar um mês na geladeira. Para um armazenamento mais longo, a geléia deve ser enlatada (seguindo métodos seguros de enlatamento) ou congelada. Sirva como complemento de um prato de queijos ou no café da manhã com pão de nozes com manteiga.

1 1/2 libras de figos maduros frescos, lavados e secos

2 xícaras de açúcar

2 tiras de raspas de limão

1.Descasque os figos e corte-os em quartos. Coloque-os em uma tigela média com o açúcar e as raspas de limão. Mexa bem. Cubra e refrigere durante a noite.

2.No dia seguinte, transfira o conteúdo da tigela para uma panela grande e pesada. Leve para ferver em fogo médio. Cozinhe, mexendo ocasionalmente, até a mistura engrossar levemente, cerca de 5 minutos. Para testar se a mistura está espessa o suficiente, coloque uma gota do líquido levemente resfriado entre o polegar e o indicador. Se a mistura formar uma corda quando o polegar e o indicador estiverem ligeiramente separados, as conservas estão prontas.

3.Despeje em potes esterilizados e guarde na geladeira por até 30 dias.

Figos mergulhados em chocolate

Fichi al Cioccolato

Rende de 8 a 10 porções

Figos secos e úmidos recheados com nozes e mergulhados em chocolate são bons como um deleite depois do jantar.

Gosto de comprar casca de laranja cristalizada na Kalustyan's, uma loja em Nova York especializada em especiarias, frutas secas e nozes. Porque vendem muito, é sempre fresquinho e cheio de sabor. Muitas outras lojas especializadas vendem boas cascas de laranja cristalizadas. Você também pode solicitá-lo por correio (consulteFontes). Cascas de laranja cristalizadas de supermercados e outras frutas são cortadas em pedaços pequenos e geralmente ficam secas e sem sabor.

18 figos secos molhados (cerca de 1 libra)

18 amêndoas torradas

1/2 xícara de casca de laranja cristalizada

4 onças de chocolate amargo, picado ou quebrado em pedaços pequenos

2 colheres de sopa de manteiga sem sal

1. Forre um tabuleiro com papel vegetal e coloque uma grelha de arrefecimento por cima. Faça um pequeno entalhe na base de cada figo. Insira uma amêndoa e um pedaço de casca de laranja nos figos. Aperte a fenda para fechá-la.

2. Na metade superior de um banho-maria em água fervente, derreta o chocolate e a manteiga, cerca de 5 minutos. Retire do fogo e mexa até ficar homogêneo. Deixe repousar 5 minutos.

3. Mergulhe cada figo no chocolate derretido e coloque na gradinha. Quando todos os figos estiverem de molho, coloque o tabuleiro no frigorífico para solidificar o chocolate, cerca de 1 hora.

4. Coloque os figos em um recipiente hermético, separando cada camada com papel manteiga. Conservar na geladeira por até 30 dias.

Figos em calda de vinho

Fichi alla Contadina

Rende 8 porções

Calimyrna seco e figos da missão da Califórnia são úmidos e carnudos. Qualquer variedade pode ser usada para esta receita. Depois de escaldados, ficam bons como estão ou servidos com sorvete ou chantilly. Também vão bem com queijo gorgonzola.

1 xícara de vin santo, Marsala ou vinho tinto seco

2 colheres de mel

2 (2 polegadas) tiras de raspas de limão

18 figos secos molhados (cerca de 1 libra)

1. Em uma panela média, misture o vin santo, o mel e as raspas de limão. Deixe ferver e cozinhe por 1 minuto.

2. Adicione os figos e água fria para cobrir. Leve o líquido para ferver em fogo baixo e tampe a panela. Cozinhe até que os figos estejam macios, cerca de 10 minutos.

3. Usando uma escumadeira, transfira os figos da panela para uma tigela. Cozinhe o líquido, descoberto, até reduzir e engrossar levemente, cerca de 5 minutos. Despeje a calda sobre os figos e deixe esfriar. Leve à geladeira por pelo menos 1 hora e até 3 dias. Sirva levemente gelado.

Figos assados da Dora

Fichi al forno

faz 2 dúzias

Figos secos recheados com nozes são uma especialidade de Pugliese. Esta receita é da minha amiga Dora Marzovilla, que os serve como lanche após o jantar no restaurante de sua família em Nova York, I Trulli. Sirva os figos com uma taça de vinho de sobremesa, como Moscato di Pantelleria.

24 figos secos úmidos (cerca de 1 1⁄2 libras), extremidades do caule removidas

24 amêndoas torradas

1 colher de sopa de sementes de funcho

1 1/4 xícara de folhas de louro

1. Coloque uma grade no centro do forno. Pré-aqueça o forno a 350° F. Remova as pontas duras da haste de cada figo. Com uma faca pequena, faça um corte na base dos figos. Insira uma amêndoa nos figos e aperte a fenda para fechá-la.

2. Coloque os figos em uma assadeira e asse por 15 a 20 minutos ou até dourar levemente. Deixe esfriar sobre uma gradinha.

3. Coloque os figos em um recipiente hermético de vidro ou plástico de 1 litro. Polvilhe com algumas das sementes de erva-doce. Cubra com uma camada de folhas de louro. Repita as camadas até acabar todos os ingredientes. Cubra e guarde em local fresco (mas não na geladeira) por pelo menos 1 semana antes de servir.

Honeydew em calda de menta

Melone alla Menta

Rende 4 porções

Depois de um grande jantar de peixe em um restaurante à beira-mar na Sicília, nos serviram esta combinação fresca de melão doce banhado em um xarope de menta fresca.

1 xícara de água fria

1/2 xícara de açúcar

1/2 xícara de folhas de hortelã fresca embaladas, além de mais para decorar

8 a 12 fatias de melão maduro descascado

1. Em uma panela, misture a água, o açúcar e as folhas de hortelã. Deixe ferver e cozinhe por 1 minuto ou até as folhas amolecerem. Retire do fogo. Deixe esfriar e coe a calda por uma peneira de malha fina em uma tigela para coar as folhas de hortelã.

2. Coloque o melão em uma tigela e despeje a calda sobre o melão. Refrigere brevemente na geladeira. Sirva decorado com folhas de hortelã.

Laranjas em calda de laranja

Marinado de Arancia

Rende 8 porções

Laranjas suculentas em calda doce são uma sobremesa perfeita após uma refeição rica. Gosto especialmente de servi-los no inverno, quando as laranjas frescas estão no seu melhor. Dispostas em uma travessa, as laranjas ficam muito bonitas com sua cobertura de raspas de laranja e calda. Como variação, corte as laranjas em rodelas e combine-as com abacaxi maduro fatiado. Sirva o molho de laranja sobre tudo.

8 laranjas grandes de umbigo

1 1/4 xícaras de açúcar

2 colheres de sopa de conhaque ou licor de laranja

1. Esfregue as laranjas com um pincel. Apare as pontas. Com um descascador de legumes, retire a parte colorida da casca da laranja (as raspas) em tiras largas. Evite cavar a medula branca amarga. Empilhe as tiras de raspas e corte em pedaços estreitos.

2. Retire o miolo branco das laranjas. Disponha as laranjas em uma travessa.

3. Leve uma panela pequena com água para ferver. Adicione as raspas de laranja e deixe ferver. Cozinhe 1 minuto. Escorra as raspas e enxágue com água fria. Repita. (Isso ajudará a remover um pouco do amargor das raspas.)

4. Coloque o açúcar e 1/4 xícara de água em outra panela pequena em fogo médio. Leve a mistura para ferver. Cozinhe até o açúcar derreter e a calda engrossar, cerca de 3 minutos. Adicione as raspas de laranja e cozinhe por mais 3 minutos. Deixar esfriar.

5. Adicione o conhaque de laranja ao conteúdo da panela. Com um garfo, retire as raspas de laranja da calda e coloque por cima das laranjas. Despeje a calda com uma colher. Cubra e refrigere por até 3 horas até que esteja pronto para servir.

Laranjas Gratinadas com Zabaglione

Arancia allo Zabaglione

Rende 4 porções

Gratiné é uma palavra francesa que significa dourar a superfície de um prato. Geralmente é aplicado a alimentos salgados que são polvilhados com farinha de rosca ou queijo para ajudar a dourar.

O zabaglione costuma ser servido sozinho ou como molho para frutas ou bolos. Aqui é derramado sobre as laranjas e torrado brevemente até dourar levemente e formar uma cobertura cremosa. Bananas, kiwis, bagas ou outras frutas macias também podem ser preparadas dessa maneira.

6 laranjas de umbigo descascadas e cortadas em fatias finas

sabayon

1 ovo grande

2 gemas grandes

1/3 xícara de açúcar

1/3 xícara de Marsala seco ou doce

1. Pré-aqueça a grelha. Disponha as rodelas de laranja numa assadeira antiaderente, sobrepondo-as ligeiramente.

2. Prepare o zabaglione: Encha uma panela pequena ou o fundo de um banho-maria com 2 polegadas de água. Leve para ferver em fogo baixo. Em uma tigela maior que a borda da panela ou o topo do banho-maria, misture o ovo, as gemas, o açúcar e o Marsala. Bata com uma batedeira até ficar espumoso. Coloque sobre uma panela com água fervente. Bata até que a mistura fique pálida e mantenha uma forma lisa quando os batedores forem levantados, cerca de 5 minutos.

3. Espalhe o zabaglione sobre as laranjas. Coloque o prato na grelha por 1 a 2 minutos ou até que o zabaglione esteja dourado em alguns pontos. Sirva imediatamente.

Pêssegos Brancos em Asti Spumante

Pesche Bianche em Asti Spumante

Rende 4 porções

Asti Spumante é um vinho doce e espumante de sobremesa do Piemonte, no noroeste da Itália. Tem um sabor delicado e aroma a flor de laranjeira proveniente das uvas moscatel. Se você não conseguir encontrar pêssegos brancos, os pêssegos amarelos funcionarão bem ou substituirão outras frutas de verão, como nectarinas, ameixas ou damascos.

4 grandes pêssegos brancos maduros

1 colher de açúcar

8 onças de Asti Spumante frio

1. Descasque e retire os caroços aos pêssegos. Corte-os em fatias finas.

2. Misture os pêssegos com o açúcar e deixe descansar por 10 minutos.

3. Usando uma colher, coloque os pêssegos em copos ou copos parfait. Despeje o Asti Spumante e sirva imediatamente.

Pêssegos em vinho tinto

Peixe al Vino Rosso

Rende 4 porções

Lembro-me de ver meu avô cortar seus pêssegos brancos caseiros para mergulhar em uma jarra de vinho tinto. Sucos doces de pêssego domaram qualquer aspereza no vinho. Pêssegos brancos são meus favoritos, mas pêssegos amarelos ou nectarinas também são bons.

1/3 xícara de açúcar, ou a gosto

2 xícaras de vinho tinto frutado

4 pêssegos maduros

1. Em uma tigela média, misture o açúcar e o vinho.

2. Corte os pêssegos ao meio e retire os caroços. Corte os pêssegos em pedaços pequenos. Mexa-os com o vinho. Cubra e leve à geladeira por 2 a 3 horas.

3. Despeje os pêssegos e o vinho em taças e sirva.

Pêssegos recheados com Amaretti

peixe no forno

Rende 4 porções

Esta é uma sobremesa favorita do Piemonte. Sirva regado com creme de leite ou coberto com uma bola de sorvete.

8 pêssegos médios, não muito maduros

8 biscoitos amaretti

2 colheres de sopa de manteiga sem sal amolecida

2 colheres de açúcar

1 ovo grande

1. Coloque uma grade no centro do forno. Pré-aqueça o forno a 375 ° F. Unte com manteiga uma assadeira grande o suficiente para manter as metades de pêssego em uma única camada.

2. Coloque os biscoitos amaretti em um saco plástico e esmague-os delicadamente com um objeto pesado, como um rolo de massa. Você deve ter cerca de 1/2 xícara. Em uma tigela média, bata a manteiga e o açúcar e adicione as migalhas.

3. Seguindo a linha ao redor dos pêssegos, corte-os ao meio e retire o caroço. Usando uma colher de toranja ou uma bola de melão, retire um pouco da polpa do pêssego do centro para alargar a abertura e adicione à mistura de migalhas. Adicione o ovo à mistura.

4. Disponha as metades de pêssego com os lados cortados para cima no prato. Coloque um pouco da mistura de migalhas em cada metade de pêssego.

5. Asse por 1 hora ou até que os pêssegos estejam macios. Sirva quente ou em temperatura ambiente.

Peras em Molho de Laranja

Pere all'Arancia

Rende 4 porções

Quando visitei Anna Tasca Lanza em Regaleali, a vinícola de sua família na Sicília, ela me deu um pouco de sua excelente marmelada de tangerina para levar para casa. Anna usa a geléia tanto como pasta quanto como molho de sobremesa, e ela me inspirou a misturar um pouco no líquido escaldante de algumas peras que ela estava cozinhando. As peras ficaram com um lindo glacê dourado e todos adoraram o resultado. Agora faço esta sobremesa com frequência. Como ela esgotou rapidamente o suprimento de geléia que Anna me deu, eu uso marmelada de laranja comprada em loja de qualidade.

1 1/2 xícara de açúcar

1 cálice de vinho branco seco

4 peras maduras firmes, como Anjou, Bartlett ou Bosc

1/3 xícara de geléia de laranja

2 colheres de sopa de licor de laranja ou rum

1. Em uma panela grande o suficiente para manter as peras em pé, misture o açúcar e o vinho. Em fogo médio, leve para ferver e cozinhe até que o açúcar se dissolva.

2. Adicione as peras. Tampe a frigideira e cozinhe por cerca de 30 minutos ou até que as peras estejam macias quando perfuradas com uma faca.

3. Usando uma escumadeira, transfira as peras para uma travessa. Adicione a geléia ao líquido na panela. Deixe ferver e cozinhe por 1 minuto. Retire do fogo e acrescente o licor. Despeje o molho sobre e ao redor das peras. Cubra e leve à geladeira pelo menos 1 hora antes de servir.

Peras com Marsala e Creme

Pére al Marsala

Rende 4 porções

Eu tinha peras preparadas dessa maneira em uma trattoria em Bolonha. Se você os fizer antes do jantar, eles estarão na temperatura certa para servir quando estiver pronto para a sobremesa.

Você pode encontrar Marsala seco e doce importado da Sicília, embora o seco seja de melhor qualidade. Qualquer um pode ser usado para fazer sobremesas.

4 pêras Anjou, Bartlett ou Bosc grandes, não muito maduras

1/4 xícara de açúcar

1/2 xícara de água

1/2 xícara de Marsala seco ou doce

1/4 xícara de creme de leite

1. Descasque as peras e corte-as ao meio no sentido do comprimento.

2. Em uma frigideira grande o suficiente para conter as metades da pêra em uma única camada, leve o açúcar e a água para ferver em fogo médio. Mexa para dissolver o açúcar. Adicione as peras e tampe a panela. Cozinhe por 5 a 10 minutos ou até que as peras estejam quase macias quando espetadas com um garfo.

3. Usando uma escumadeira, transfira as peras para um prato. Adicione o Marsala à panela e leve para ferver. Cozinhe até que a calda fique ligeiramente espessa, cerca de 5 minutos. Adicione o creme de leite e cozinhe por mais 2 minutos.

4. Retorne as peras à panela e regue com o molho. Transfira as peras para os pratos de servir e despeje o molho por cima. Deixe esfriar em temperatura ambiente antes de servir.

Peras com molho de chocolate quente

Père Affogato al Cioccolato

Rende 6 porções

Peras frescas mergulhadas em molho de chocolate agridoce são uma sobremesa europeia clássica. Eu comi em Bolonha, onde a calda de chocolate era feita com chocolate Majani, uma marca local que infelizmente não viaja muito longe de sua cidade natal. Use um chocolate meio amargo de boa qualidade. Uma marca que eu gosto, Scharffen Berger, é feita na Califórnia.

6 peras Anjou, Bartlett ou Bosc, não muito maduras

2 xícaras de água

³1/4 xícara de açúcar

4 (2 × 1/2 polegadas) tiras de casca de laranja, cortadas em palitos

   11/2 xícarasmolho de chocolate quente

1. Descasque as peras, deixando os talos intactos. Usando uma colher de melão ou colher pequena, retire o caroço e as sementes, trabalhando a partir do fundo das peras.

2. Em uma panela grande o suficiente para manter todas as peras em pé, leve a água, o açúcar e as raspas de laranja para ferver em fogo médio. Mexa até que o açúcar dissolva.

3. Adicione as peras e reduza o fogo para baixo. Tampe a frigideira e cozinhe, virando as peras uma vez, por 20 minutos ou até ficarem macias quando perfuradas com uma faca pequena. Deixe as peras esfriarem na calda.

4. Na hora de servir, prepare a calda de chocolate.

5. Usando uma escumadeira, transfira as peras para os pratos de servir. (Cubra e refrigere a calda para outro uso, como jogar em frutas cortadas para uma salada.) Regue com calda de chocolate quente. Sirva imediatamente.

Peras Temperadas ao Rum

Pere al Rhum

Rende 6 porções

O sabor doce, suave e quase floral das peras maduras se presta a muitos outros sabores complementares. Frutas como laranjas, limões e frutas vermelhas e muitos queijos vão bem com eles, e Marsala e vinhos secos são frequentemente usados para escalfar as peras. No Piemonte, fiquei agradavelmente surpreso ao receber essas peras cozidas lentamente em uma calda de rum com especiarias, acompanhadas de um simples bolo de avelã.

6 peras Anjou, Bartlett ou Bosc, não muito maduras

1 1/4 xícara de açúcar mascavo

1/4 chávena de rum escuro

1 1/4 xícara de água

4 dentes inteiros

1. Descasque as peras, deixando os talos intactos. Usando uma colher de melão ou colher pequena, retire o caroço e as sementes, trabalhando a partir do fundo das peras.

2. Em uma panela grande o suficiente para acomodar as peras, misture o açúcar, o rum e a água em fogo médio até que o açúcar derreta, cerca de 5 minutos. Adicione as peras. Espalhe os cravos ao redor da fruta.

3. Tampe a panela e deixe o líquido ferver. Cozinhe em fogo médio-baixo por 15 a 20 minutos ou até que as peras estejam macias quando perfuradas com uma faca. Usando uma escumadeira, transfira as peras para um prato de servir.

4. Cozinhe o líquido descoberto até reduzir e engrossar. Coe o líquido sobre as peras. Deixar esfriar.

5. Sirva em temperatura ambiente ou cubra e leve à geladeira.

Peras Temperadas com Pecorino

Pere allo Spezie e Pecorino

Rende 6 porções

Os toscanos se orgulham de seu excelente queijo pecorino. Cada cidade tem sua própria versão e cada uma tem um sabor ligeiramente diferente das outras, dependendo de como é envelhecida e de onde vem o leite. Os queijos são geralmente consumidos quando estão bem jovens e ainda semi-firmes. Quando consumido como sobremesa, o queijo às vezes é regado com um pouco de mel ou servido com peras. Gosto dessa apresentação sofisticada que comi em Montalcino: pecorino servido com peras cozidas em vinho tinto local e especiarias, acompanhado de nozes frescas.

Claro, as peras também são servidas sozinhas ou com uma boa dose de chantilly.

6 peras médias Anjou, Bartlett ou Bosc, não muito maduras

1 cálice de vinho tinto seco

1/2 xícara de açúcar

1 pedaço de canela (3 polegadas)

4 dentes inteiros

8 onças de queijo Pecorino Toscano, Asiago ou Parmigiano-Reggiano, cortado em 6 pedaços

12 metades de nozes torradas

1. Coloque uma grade no centro do forno. Pré-aqueça o forno a 450 ° F. Arrume as peras em uma assadeira grande o suficiente para mantê-las na vertical.

2. Misture o vinho e o açúcar até o açúcar amolecer. Despeje a mistura sobre as peras. Polvilhe a canela e os cravos ao redor das peras.

3. Asse as peras, regando ocasionalmente com vinho, 45 a 60 minutos ou até ficarem macias quando perfuradas com uma faca. Se o líquido começar a secar antes que as peras estejam prontas, adicione um pouco de água morna à panela.

4. Deixe as peras arrefecer no prato, regando de vez em quando com o sumo da assadeira. (À medida que os sucos esfriam, eles engrossam e cobrem as peras com um rico glacê vermelho.) Retire as especiarias.

5.Sirva as peras com a calda em temperatura ambiente ou levemente fria. Disponha-os em pratos de servir com duas metades de noz e um pedaço de queijo.

Peras Escalfadas com Gorgonzola

Pere al Gorgonzola

Rende 4 porções

O sabor picante do queijo gorgonzola misturado com um creme suave é um complemento saboroso para essas peras escalfadas em calda de limão com vinho branco. Uma pitada de pistache adiciona um toque de cor brilhante. As peras Anjou, Bartlett e Bosc são minhas variedades favoritas para escaldar porque seu formato fino permite que cozinhem uniformemente. As peras escalfadas mantêm sua forma melhor quando a fruta não está madura demais.

2 xícaras de vinho branco seco

2 colheres de sopa de suco de limão fresco

3 1/4 xícara de açúcar

2 (2 polegadas) tiras de raspas de limão

4 peras, como Anjou, Bartlett ou Bosc

4 onças de gorgonzola

2 colheres de sopa de ricota, mascarpone ou creme de leite

2 colheres de pistache picado

1. Em uma panela média, misture o vinho, o suco de limão, o açúcar e as raspas de limão. Leve ao fogo brando e cozinhe por 10 minutos.

2. Enquanto isso, descasque as peras e corte-as ao meio no sentido do comprimento. Remova os núcleos.

3. Deslize as peras na calda de vinho e cozinhe até ficarem macias quando perfuradas com uma faca, cerca de 10 minutos. Deixar esfriar.

4. Usando uma escumadeira, transfira duas metades de pêra para cada prato de servir, com o miolo para cima. Regue a calda em volta das peras.

5. Em uma tigela pequena, amasse o gorgonzola com a ricota para fazer uma pasta lisa. Coloque um pouco da mistura de queijo no espaço central de cada metade de pêra. Polvilhe com os pistaches. Sirva imediatamente.

Bolo Pudim de Pêra ou Maçã

Budino di Pere ou Mele

Rende 6 porções

Não é um bolo ou pudim, esta sobremesa consiste em frutas cozidas até ficarem macias e depois assadas com uma cobertura levemente semelhante a um bolo. É bom com maçãs ou peras ou mesmo pêssegos ou ameixas.

Eu gosto de usar rum escuro para dar sabor a esta sobremesa, mas rum claro, conhaque ou até mesmo grappa podem ser substituídos.

³1/4 xícara de passas

¹1/2 xícara de rum escuro, conhaque ou grappa

2 colheres de sopa de manteiga sem sal

8 maçãs ou peras maduras firmes, descascadas e cortadas em fatias de 1/2 polegada

1/3 xícara de açúcar

Adição

6 colheres de sopa de manteiga sem sal, derretida e resfriada

¹/3 xícara de açúcar

¹1/2 xícara de farinha de trigo

3 ovos grandes, separados

²1/3 xícara de leite integral

2 colheres de sopa de rum escuro, conhaque ou grappa

1 colher de chá de extrato de baunilha puro

Pitada de sal

açúcar de confeiteiro

1. Em uma tigela pequena, misture as passas e o rum. Deixe repousar por 30 minutos.

2. Derreta a manteiga em uma frigideira grande em fogo médio. Adicione as frutas e o açúcar. Cozinhe, mexendo ocasionalmente, até que a fruta esteja quase macia, cerca de 7 minutos. Adicione as passas e o rum. Cozinhe mais 2 minutos. Retire do fogo.

3. Coloque uma grade no centro do forno. Pré-aqueça o forno a 350 ° F. Unte uma assadeira de 13 × 9 × 2 polegadas. Despeje a mistura de frutas na assadeira.

4. Prepare a cobertura: Em uma tigela grande, com uma batedeira, bata a manteiga e o açúcar até misturar, cerca de 3 minutos. Adicione a farinha, apenas para combinar.

5. Em uma tigela média, misture as gemas, o leite, o rum e a baunilha. Mexa a mistura de ovos na mistura de farinha até misturar bem.

6. Em outra tigela grande, com batedores limpos, bata as claras com o sal em velocidade baixa até formar espuma. Aumente a velocidade e bata até formar picos suaves, cerca de 4 minutos. Dobre delicadamente as claras no restante da massa. Despeje a massa sobre as frutas na assadeira e leve ao forno por 25 minutos ou até que o topo esteja dourado e firme ao toque.

7. Sirva quente ou em temperatura ambiente, polvilhado com açúcar de confeiteiro.

compota de fruta quente

Calda Fruit Compost

Rende de 6 a 8 porções

O rum é frequentemente usado para dar sabor a sobremesas na Itália. O rum escuro tem um sabor mais profundo do que o rum claro. Substitua o rum por outro licor ou vinho doce como Marsala nesta receita, se desejar. Ou faça uma versão sem álcool com suco de laranja ou maçã.

2 peras maduras firmes, descascadas e sem caroço

1 maçã dourada deliciosa ou Granny Smith, descascada e sem caroço

1 xícara de ameixa sem caroço

1 xícara de figos secos, pontas de caule removidas

1 1/2 xícara de damascos secos sem caroço

1 1/2 xícara de passas pretas

1 1/4 xícara de açúcar

2 (2 polegadas) tiras de raspas de limão

1 xícara de água

1 1/2 xícara de rum escuro

1. Corte as peras e a maçã em 8 fatias. Corte as fatias em pedaços pequenos.

2. Combine todos os ingredientes em uma panela grande. Cubra e leve para ferver em fogo médio-baixo. Cozinhe até que as frutas frescas estejam macias e as frutas secas roliças, cerca de 20 minutos. Adicione um pouco mais de água se parecerem secos.

3. Deixe esfriar um pouco antes de servir ou cubra e leve à geladeira por até 3 dias.

Fruta Caramelizada Veneziana

Golosezzi Veneziani

Rende 8 porções

A cobertura de caramelo desses espetos de frutas venezianos endurece, lembrando uma maçã doce. Seque as frutas e faça esses espetinhos de frutas em um dia seco. Se o tempo estiver úmido, o caramelo não endurecerá adequadamente.

1 tangerina ou clementina, descascada, dividida em gomos

8 morangos pequenos descascados

8 uvas sem sementes

8 tâmaras sem caroço

1 xícara de açúcar

1/2 xícara de xarope de milho claro

1/4 xícara de água

1. Passe os pedaços de fruta alternadamente em cada um dos oito espetos de madeira de 6 polegadas. Coloque um rack de resfriamento em cima de uma bandeja.

2. Em uma frigideira grande o suficiente para caber os espetos no sentido do comprimento, misture o açúcar, o xarope de milho e a água. Cozinhe em fogo médio, mexendo ocasionalmente, até que o açúcar esteja completamente dissolvido, cerca de 3 minutos. Quando a mistura começar a ferver, pare de mexer e cozinhe até que a calda comece a dourar nas bordas. Em seguida, gire suavemente a panela sobre o fogo até que a calda fique com uma cor marrom dourada uniforme, cerca de mais 2 minutos.

3. Retire a panela do fogo. Usando pinças, mergulhe rapidamente cada espeto na calda, virando para cobrir levemente, mas completamente, a fruta. Deixe o excesso de xarope escorrer de volta para a panela. Coloque os espetos na grelha para esfriar. (Se a calda na panela endurecer antes de todos os espetos serem mergulhados, reaqueça-a suavemente.) Sirva em temperatura ambiente em até 2 horas.

Frutas com Mel e Grappa

Composto de frutas alla Grappa

Rende 6 porções

Grappa é uma espécie de aguardente feita a partir da vinhaccia, as cascas e sementes que ficam após a prensagem das uvas para fazer o vinho. Houve um tempo em que a grappa era uma bebida grosseira que trabalhadores e trabalhadoras bebiam principalmente no norte da Itália para se aquecer nos dias frios de inverno. Hoje, a grappa é uma bebida altamente refinada vendida em garrafas de design com rolhas ornamentadas. Algumas grappas são aromatizadas com frutas ou ervas, enquanto outras são envelhecidas em barris de madeira. Use grappa simples e sem sabor para esta salada de frutas e para outros fins culinários.

1/3 xícara de mel

1/3 xícara de grappa, conhaque ou licor de frutas

1 colher de sopa de suco de limão fresco

2 kiwis descascados e fatiados

2 laranjas de umbigo descascadas e cortadas em rodelas

1 litro de morangos, fatiados

1 xícara de uvas verdes sem sementes, cortadas ao meio

2 bananas médias cortadas em rodelas

1. Em uma tigela grande, misture o mel, grappa e suco de limão.

2. Adicione os kiwis, laranjas, morangos e uvas. Refrigere por pelo menos 1 hora ou até 4 horas. Adicione as bananas antes de servir.

salada de frutas de inverno

Macedônia do 'Inverno

Rende 6 porções

Na Itália, uma salada de frutas é chamada de Macedônia, porque aquele país já foi dividido em muitas pequenas seções que foram reunidas para formar um todo, assim como a salada é feita de pedaços pequenos de frutas diferentes. No inverno, quando as opções de frutas são limitadas, os italianos preparam saladas como esta guarnecida com mel e suco de limão. Como variação, substitua o mel por geleia de damasco ou marmelada de laranja.

3 colheres de mel

3 colheres de sopa de suco de laranja

1 colher de sopa de suco de limão fresco

2 toranjas, descascadas e separadas em fatias

2 kiwis descascados e fatiados

2 peras maduras

2 xícaras de uvas verdes sem caroço, cortadas ao meio no sentido do comprimento

1. Em uma tigela grande, misture o mel, o suco de laranja e o suco de limão.

2. Adicione as frutas à tigela e misture bem. Refrigere por pelo menos 1 hora ou até 4 horas antes de servir.

Frutas de verão grelhadas

Spiedini alla Frutta

Rende 6 porções

Frutas de verão grelhadas são ideais para um churrasco. Sirva-os sozinhos ou com fatias de bolo e gelado.

Se estiver usando espetos de madeira, mergulhe-os em água fria por pelo menos 30 minutos para evitar que queimem.

2 nectarinas, cortadas em pedaços de 1 polegada

2 ameixas, cortadas em pedaços de 1 polegada

2 peras, cortadas em pedaços de 1 polegada

2 damascos, cortados em quartos

2 bananas, cortadas em pedaços de 1 polegada

folhas de hortelã fresca

Cerca de 2 colheres de sopa de açúcar

1. Coloque uma churrasqueira ou grill a cerca de 5 polegadas da fonte de calor. Pré-aqueça a grelha ou churrasco.

2. Alterne pedaços de frutas com folhas de hortelã em 6 espetos. Polvilhe com o açúcar.

3. Grelhe ou grelhe a fruta 3 minutos de um lado. Vire os espetos e grelhe ou grelhe até dourar levemente, cerca de mais 2 minutos. Servir quente.

ricota quente com mel

Ricotta al Miele

Rende de 2 a 3 porções

O sucesso desta sobremesa depende da qualidade da ricota, então compre a mais fresca disponível. Embora a ricota parcialmente desnatada seja boa, a sem gordura é muito granulada e sem sabor, então pule-a. Se quiser, adicione algumas frutas frescas ou experimente passas e uma pitada de canela.

1 xícara de ricota integral

2 colheres de mel

1. Coloque a ricota em uma tigela pequena sobre uma panela menor de água fervente. Aqueça até aquecer, cerca de 10 minutos. Mexa bem.

2. Disponha a ricota em pratos de servir. Regue com mel. Sirva imediatamente.

café ricota

Ricota all 'Caffè

Rende de 2 a 3 porções

Aqui está uma sobremesa rápida que se presta a uma infinidade de variações. Sirva com alguns biscoitos amanteigados simples.

Se você não puder comprar café expresso moído fino, certifique-se de passar o café moído pelo moedor de café ou processador de alimentos. Se os grãos forem muito grandes, a sobremesa não se misturará bem, deixando-a com uma textura arenosa.

1 xícara (8 onças) de ricota inteira ou parcialmente desnatada

1 colher (sopa) de café expresso bem moído

1 colher de açúcar

gotas de chocolate

Em uma tigela média, misture a ricota, o café expresso e o açúcar até ficar homogêneo e o açúcar se dissolver. (Para uma textura mais cremosa, bata os ingredientes em um processador de alimentos.) Despeje em copos parfait ou taças e cubra com raspas de chocolate. Sirva imediatamente.

Variação: Para a ricota de chocolate, substitua o café por 1 colher de sopa de cacau sem açúcar.

Mascarpone e pêssegos

Mascarpone al Pesche

Rende 6 porções

Mascarpone suave e cremoso e pêssegos com amaretti crocante ficam lindos em parfait ou taças de vinho. Sirva esta sobremesa em um jantar. Ninguém vai adivinhar como é fácil de fazer.

1 xícara (8 onças) de mascarpone

1 1/4 xícara de açúcar

1 colher de sopa de suco de limão fresco

1 xícara de creme de leite bem frio

3 pêssegos ou nectarinas, descascados e cortados em pedaços pequenos

1/3 xícara de licor de laranja, amaretto ou rum

8 biscoitos amaretti, esmagados em migalhas (cerca de 1/2 xícara)

2 colheres de sopa de amêndoas laminadas torradas

1. Pelo menos 20 minutos antes de preparar a sobremesa, coloque uma tigela grande e os batedores da batedeira na geladeira.

2. Quando estiver pronto, em uma tigela média, misture o mascarpone, o açúcar e o suco de limão. Retire a tigela e os batedores da geladeira. Despeje o creme na tigela resfriada e bata o creme em velocidade alta até que mantenha sua forma delicadamente quando os batedores forem levantados, cerca de 4 minutos. Com uma espátula, envolva delicadamente as natas batidas na mistura de mascarpone.

3. Em uma tigela média, misture os pêssegos e o licor.

4. Despeje metade do creme de mascarpone em seis taças de parfait ou taças de vinho. Coloque os pêssegos em camadas e polvilhe com as migalhas de amaretti. Cubra com o creme restante. Cubra e leve à geladeira por até 2 horas.

5. Polvilhe com as amêndoas antes de servir.

Espuma de Chocolate com Framboesas

Spuma di Cioccolato al Lampone

Rende 8 porções

Chantilly dobrado em mascarpone e chocolate é como mousse de chocolate instantâneo. As framboesas são uma adição doce e picante.

1 litro de framboesas

1 a 2 colheres de açúcar

2 colheres de sopa de licor de framboesa, cereja ou laranja

3 onças de chocolate amargo ou meio amargo

1/2 xícara (4 onças) de mascarpone, em temperatura ambiente

2 xícaras de creme de leite frio ou chantilly

Raspas de chocolate, para decorar

1. Pelo menos 20 minutos antes de preparar a sobremesa, coloque uma tigela grande e os batedores da batedeira na geladeira.

2. Quando estiver pronto, misture as framboesas com o açúcar e o licor em uma tigela média. Deixou de lado.

3. Encha uma panela pequena com uma polegada de água. Leve para ferver em fogo baixo. Coloque o chocolate em uma tigela maior que a borda da panela e coloque a tigela sobre a água fervente. Deixe repousar até que o chocolate esteja derretido. Retire do fogo e mexa o chocolate até ficar homogêneo. Deixe esfriar um pouco, cerca de 15 minutos. Com uma espátula de borracha, dobre o mascarpone.

4. Retire a tigela resfriada e os batedores da geladeira. Despeje o creme na tigela e bata o creme em velocidade alta até que mantenha sua forma delicadamente quando os batedores forem levantados, cerca de 4 minutos.

5. Com uma espátula, envolva delicadamente metade das natas na mistura de chocolate, reservando a segunda metade para a cobertura.

6. Despeje metade do creme de chocolate em oito copos de parfait. Camada com framboesas. Despeje o creme de chocolate restante. Cubra com o chantilly. Decore com as raspas de chocolate. Sirva imediatamente.

Tiramisu

Tiramisu

Rende de 8 a 10 porções

Ninguém sabe ao certo por que essa sobremesa é chamada de "pega-me" em italiano, mas a suposição é que o nome vem da cafeína que o café e o chocolate fornecem. Enquanto a versão clássica contém gemas de ovos cruas misturadas com mascarpone, minha versão não tem ovos porque não gosto do sabor dos ovos crus e acho que eles tornam a sobremesa mais pesada do que o necessário.

Savoiardi (biscoitos crocantes importados da Itália) estão amplamente disponíveis, mas podem ser substituídos por biscoitos ou fatias de biscoito simples. Se desejar, adicione algumas colheres de sopa de rum ou conhaque ao café.

1 xícara de creme de leite frio ou chantilly

1 libra de mascarpone

⅓ xícara de açúcar

24 savoiardi (biscoitos italianos importados)

1 xícara de café expresso preparado em temperatura ambiente

2 colheres de sopa de cacau em pó sem açúcar

1. Pelo menos 20 minutos antes de preparar a sobremesa, coloque uma tigela grande e os batedores da batedeira na geladeira.

2. Quando estiver pronto, retire a tigela e os misturadores da geladeira. Despeje o creme na tigela e bata o creme em velocidade alta até que mantenha sua forma delicadamente quando os batedores forem levantados, cerca de 4 minutos.

3. Em uma tigela grande, misture o mascarpone e o açúcar até ficar homogêneo. Pegue cerca de um terço do chantilly e, usando uma espátula flexível, dobre-o delicadamente na mistura de mascarpone para clarear. Incorpore cuidadosamente o creme restante.

4. Mergulhe levemente e rapidamente metade do savoiardi no café. (Não os sature ou eles vão desmoronar.) Disponha os biscoitos em uma única camada em um quadrado de 9 × 2 polegadas ou prato redondo. Despeje metade do creme de mascarpone.

5. Mergulhe o restante savoiardi no café e coloque-o sobre o mascarpone. Cubra com o restante da mistura de mascarpone e espalhe delicadamente com a espátula. Coloque o cacau em uma peneira de malha fina e agite-o por cima da sobremesa. Cubra com papel alumínio ou filme plástico e leve à geladeira por 3-4

horas ou durante a noite para que os sabores possam se fundir. Ele se mantém bem na geladeira por até 24 horas.

tiramisu de morango

Tiramisu alle Fragole

Rende 8 porções

Aqui está uma versão de tiramisu com morango que encontrei em uma revista de culinária italiana. Gosto ainda mais do que a versão de café, mas prefiro sobremesas à base de frutas de todos os tipos.

Maraschino é um licor de cereja italiano claro e ligeiramente amargo, nomeado para a variedade de cerejas marasche. Maraschino está disponível aqui, mas você pode substituir por outro licor de frutas, se preferir.

3 litros de morangos, lavados e descascados

1 1/2 xícara de suco de laranja

1/4 xícara de maraschino, crème di cassis ou licor de laranja

1 1/4 xícara de açúcar

1 xícara de creme de leite frio ou chantilly

8 onças de mascarpone

24 savoiardi (dedos italianos)

1. Reserve 2 xícaras dos morangos mais bonitos para decorar. Pique o resto. Em uma tigela grande, misture os morangos com o suco de laranja, o licor e o açúcar. Deixe repousar em temperatura ambiente por 1 hora.

2. Enquanto isso, coloque uma tigela grande e os batedores da batedeira na geladeira. Quando estiver pronto, retire a tigela e os misturadores da geladeira. Despeje o creme na tigela e bata o creme em velocidade alta até que mantenha sua forma delicadamente quando os batedores forem levantados, cerca de 4 minutos. Usando uma espátula flexível, dobre delicadamente o mascarpone.

3. Coloque os cupcakes em um prato quadrado ou redondo de 9 × 2 polegadas. Despeje metade dos morangos e seu suco. Espalhe metade do creme de mascarpone sobre as frutas.

4. Repita com uma segunda camada de pão de ló, morangos e creme, espalhando o creme delicadamente com uma espátula. Cubra e leve à geladeira por 3 a 4 horas ou durante a noite para que os sabores possam se fundir.

5. Pouco antes de servir, fatie os morangos restantes e arrume-os em fileiras por cima.

bagatela italiana

Inglês Zuppa

Rende de 10 a 12 porções

"Sopa inglesa" é o nome extravagante desta deliciosa sobremesa. Acredita-se que os cozinheiros italianos tenham emprestado a ideia da ninharia inglesa e acrescentado toques italianos.

1Anéis Vin Santoou 1 (12 onças) de bolo inglês comprado em loja, fatiado de 1/4 de polegada de espessura

1/2 xícara de geléia de cereja ou framboesa

¹1/2 xícara de rum escuro ou licor de laranja

> 21/2 xícaras cadaCreme de confeiteiro de chocolate e baunilha

1 xícara de creme de leite ou chantilly

framboesas frescas, para decorar

Raspas de chocolate, para decorar

1.Prepare o bolo e os cremes de confeiteiro, se necessário. Em seguida, em uma tigela pequena, misture a geléia e o rum.

2. Despeje metade do creme de baunilha no fundo de uma tigela de 3 litros. Coloque 1/4 das fatias de bolo por cima e espalhe com 1/4 da mistura de geléia. Coloque metade do creme de chocolate por cima.

3. Faça outra camada de 1/4 da mistura de bolo e geléia. Repita com o creme de baunilha restante, 1/4 da mistura restante de bolo e geléia, creme de chocolate e o restante da mistura de bolo e geléia. Cubra bem com filme plástico e leve à geladeira por pelo menos 3 horas e até 24 horas.

4. Pelo menos 20 minutos antes de servir, coloque uma tigela grande e os batedores da batedeira na geladeira. Pouco antes de servir, retire a tigela e os batedores da geladeira. Despeje o creme na tigela e bata em velocidade alta até que mantenha sua forma uniforme quando os batedores forem levantados, cerca de 4 minutos.

5. Despeje o creme em cima do bolo. Decore com framboesas e raspas de chocolate.

sabayon

Rende 2 porções

Na Itália, zabaglione (pronuncia-se tsah-bahl-yo-neh; o g é silencioso) é uma sobremesa doce e cremosa à base de ovo, muitas vezes servida como um tônico para fortalecer a força de alguém que sofre de um resfriado ou outra doença. Com ou sem doença, é uma deliciosa sobremesa pura ou como pasta de frutas ou bolos.

Zabaglione deve ser engolido assim que for preparado ou você pode desmaiar. Para fazer zabaglione com antecedência, veja a receita dezabaglione frio.

3 gemas grandes

3 colheres de açúcar

3 colheres de sopa de Marsala ou vin santo seco ou doce

1. Na metade inferior de um banho-maria ou panela média, leve cerca de 2 polegadas de água para ferver.

2. Na metade superior do banho-maria ou em uma tigela resistente ao calor que caiba confortavelmente sobre a panela, bata as gemas e o açúcar com uma batedeira em velocidade média até ficar homogêneo, cerca de 2 minutos. Adicione o Marsala.

Coloque a mistura sobre a água fervente. (Não deixe a água ferver ou os ovos vão mexer.)

3. Enquanto aquece em água fervente, continue a bater a mistura de ovos até ficar amarelo pálido e muito fofo e mantenha uma forma lisa quando cair dos batedores, 3 a 5 minutos.

4. Despeje em copos altos e sirva imediatamente.

Zabaglione de Chocolate

Zabaglione al Cioccolato

Rende 4 porções

Esta variação de zabaglione é como uma rica mousse de chocolate. Sirva quente com chantilly frio.

3 onças de chocolate amargo ou meio amargo, picado

1 1/4 xícara de creme de leite

4 gemas grandes

1 1/4 xícara de açúcar

2 colheres de sopa de rum ou licor amaretto

1. Na metade inferior de um banho-maria ou panela média, leve cerca de 2 polegadas de água para ferver. Combine o chocolate e o creme em uma tigela pequena resistente ao calor e coloque sobre a água fervente. Deixe repousar até que o chocolate esteja derretido. Mexa com uma espátula flexível até ficar homogêneo. Retire do fogo.

2. No topo do banho-maria ou outra tigela refratária que caiba sobre a panela, bata as gemas e o açúcar com uma batedeira até ficar homogêneo, cerca de 2 minutos. Adicione o rum. Coloque a mistura sobre a água fervente. (Não deixe a água ferver ou os ovos vão mexer.)

3. Bata a mistura de gemas até ficar pálida e fofa e mantenha uma forma lisa quando cair dos batedores, 3 a 5 minutos. Retire do fogo.

4. Usando uma espátula de borracha, dobre delicadamente a mistura de chocolate. Sirva imediatamente.

Zabaglione frio com frutas vermelhas

Zabaglione Freddo com Frutti di Bosco

Rende 6 porções

Se você não quiser preparar o zabaglione na hora de servir, esta versão fria é uma boa alternativa. O zabaglione é resfriado em um banho de água gelada e depois dobrado em chantilly. Pode ser feito com até 24 horas de antecedência. Eu gosto de servir sobre frutas frescas ou figos maduros.

1 receita (cerca de 1 1/2 xícaras) sabayon

³1/4 xícara de creme de leite frio ou chantilly

2 colheres de açúcar de confeiteiro

1 colher de licor de laranja

1 1/2 xícaras de mirtilos, framboesas ou uma combinação, enxaguados e secos

1. Pelo menos 20 minutos antes de preparar o zabaglione, coloque uma tigela grande e os batedores da batedeira na geladeira. Encha outro recipiente grande com gelo e água.

2. Prepare o zabaglione através do passo 3. Assim que o zabaglione estiver pronto, retire-o da água fervente e coloque a tigela sobre a água gelada. Com um batedor de arame, bata o zabaglione até esfriar, cerca de 3 minutos.

3. Retire a tigela resfriada e os batedores da geladeira. Despeje o creme na tigela e bata o creme em velocidade alta até começar a formar uma forma lisa, cerca de 2 minutos. Adicione o açúcar de confeiteiro e o licor de laranja. Bata o creme até ficar homogêneo quando os batedores forem levantados, cerca de mais 2 minutos. Usando uma espátula flexível, dobre delicadamente o zabaglione frio. Cubra e leve à geladeira por pelo menos 1 hora até que esteja pronto para servir.

4. Divida as bagas entre 6 pratos de servir. Cubra com o creme zabaglione gelado e sirva imediatamente.

Geleia De Limão

Geleia De Limão

Rende 6 porções

O sumo e as raspas de limão tornam esta sobremesa leve e refrescante.

2 sachês de gelatina sem sabor

1 xícara de açúcar

2 1/2 xícaras de água fria

2 (2 polegadas) tiras de raspas de limão

2/3 xícara de suco de limão fresco

Rodelas de limão e raminhos de hortelã, para decorar

1. Em uma panela média, misture a gelatina e o açúcar. Adicione a água e as raspas de limão. Cozinhe em fogo médio, mexendo sempre, até que a gelatina esteja completamente dissolvida, cerca de 3 minutos. (Não deixe a mistura ferver.)

2. Retire do fogo e acrescente o suco de limão. Despeje a mistura por uma peneira de malha fina em um ramekin ou tigela de 5

xícaras. Cubra e leve à geladeira até endurecer, 4 horas durante a noite.

3. Na hora de servir, encha uma tigela com água morna e mergulhe a forma na água por 30 segundos. Passe uma faca pequena nas laterais. Coloque um prato sobre a forma e, mantendo-os bem juntos, inverta-os para que a gelatina transfira para o prato. Decore com rodelas de limão e raminhos de hortelã.

Geleia De Rum De Laranja

Gelatina de Arancia al Rhum

Rende 4 porções

O chantilly com aroma de rum é um bom acompanhamento. O suco de laranja sanguínea funciona melhor aqui.

2 sachês de gelatina sem sabor

1 1/2 xícara de açúcar

1 1/2 xícara de água fria

3 xícaras de suco de laranja fresco

2 colheres de rum escuro

Rodelas de laranja, para decorar

1. Em uma panela média, misture a gelatina e o açúcar. Adicione a água e cozinhe em fogo médio, mexendo sempre, até que a gelatina esteja completamente dissolvida, cerca de 3 minutos. (Não deixe a mistura ferver.)

2. Retire do fogo e acrescente o suco de laranja e o rum. Despeje a mistura em um ramekin de 5 xícaras ou tigela. Cubra e leve à geladeira até endurecer, 4 horas durante a noite.

3. Na hora de servir, encha uma tigela com água morna e mergulhe a forma na água por 30 segundos. Passe uma faca pequena nas laterais. Coloque um prato sobre a forma e, mantendo-os bem juntos, inverta-os para que a gelatina transfira para o prato. Decore com as rodelas de laranja.

www.ingramcontent.com/pod-product-compliance
Lightning Source LLC
Chambersburg PA
CBHW071423080526
44587CB00014B/1726